AF377942

© Édite, 2008
www.editions-edite.com
ISBN 978-2-846-08226-6

Jean-François Lecompte

LA SYMBOLIQUE DU GRAAL

Géométrie du conte du Graal
de Chrétien de Troyes
« Perceval ou le conte du Graal »

Éditions de l'Œil du Sphinx / E-Dite

*À la mémoire posthume
du Maître Pierre Piobb*

SOMMAIRE

Ainsi est-il deux sortes de chevaliers :
ceux de la légende tels d'une part les Templiers
et d'autre part les chevaliers de la Table ronde.
Les uns et les autres sont si proches parents
qu'on pourrait les confondre.
Oui ne les séparons pas dans notre gratitude !
Les uns et les autres ont hanté nos imaginations.
Les uns et les autres ont agi sur les esprits,
sur les mœurs, sur les formes sociales.
Les uns et les autres appartiennent au même type :
le Chevalier.
Celui-ci peut également se nommer
Perceval ou Hugues de Payens.

Victor-Émile Michelet,
Le Secret de la chevalerie

PRÉAMBULE

Graal, Géométrie, Gnose, ces mots chargés de mystère portent le témoignage d'un savoir ancestral, qui fut inlassablement transmis depuis des siècles. Les sociétés initiatiques les vénèrent pudiquement ou plutôt prudemment, à travers la lettre «G» qui est leur initiale commune[1].

Aucune religion, aucun pouvoir politique, aucun système économique, aucune philosophie, ne peuvent faire obstacle à leur transmission. Et comment le pourraient-ils, dès lors que ces sujets prennent leurs racines au plus profond de l'inconscient humain?

Exhumer ces images enfouies ne relève ni de l'archéologie, ni de la psychologie des profondeurs. La «Tradition» a légué tous les outils qui sont nécessaires pour cela. Il suffit d'ouvrir les yeux et de laisser s'opérer la chimie de la perception.

Dans ce contexte, l'image du Graal brille sans interruption depuis bientôt mille ans. Elle se joue des modes, des genres littéraires, des langues ou des cultures. Le Graal réapparaît régulièrement dans notre environnement humain, un peu comme une comète, et avec toujours un écho favorable auprès du grand public.

Après avoir alimenté l'essentiel de la production littéraire[2] des XIIe, XIIIe et XIVe siècles, le thème de la quête du Graal, objectif d'une chevalerie «céleste» elle-même constitutive d'une élite sociale, ce thème donc, n'a jamais connu l'éteignoir des modes.

Cet idéal qui inspire notre Perceval réapparaît aussi bien chez les rose-croix, que chez Bayard, Rabelais, Cervantès, Mozart, Wagner, Boris Vian (qui en fit un opéra), W. Scott ou J. Cocteau, les pèlerins et les compagnons du Tour de France, et plus récemment dans de nombreuses œuvres modernes comme celles des cinéastes Boorman Rohmer Bresson et Llorca, ou encore les dessins animés qu'adorent les enfants et dont les héros se livrent eux aussi à des quêtes sans fin. Nous retrouvons aussi le matériau symbolique de ce conte dans notre folklore, de la «Coupo Santo» aux chansons à boire : «Chevaliers de la Table Ronde, goûtons voir… ». Nous le trouvons aussi dans des œuvres récentes de science-fiction[3].

Mais le «G» du Graal nous renvoie aussi à une symbolique plus ancienne, dont il est cette fois-ci l'héritier. La coupe ronde, image du chaudron des Celtes, plonge aussi ses racines dans l'antique civilisation Sumérienne. En langue Sumérienne, les nombres **un**, **soixante**, et les mots **cercle**, **totalité** avaient une seule et même prononciation : *GESH*[4]. Nous y retrouvons encore cette lettre «G», explication simplifiée de la réalité circulaire. Une réalité dont la mise en forme a été portée à son plus haut niveau d'efficacité par les Grecs.

Ainsi a germé l'idée de cette étude. Le Graal lui-même a inspiré un nombre incalculable de travaux divers, aussi bien sur le plan descriptif que sur le plan explicatif. On peut trouver dans ces études « tout et le contraire de tout ». On a écrit que le Graal était d'origine Chrétienne, Celtique, Burgonde, Wisigothique, Cistercienne, Johannite, Gnostique, ou encore d'Asie mineure. On a expliqué ses symboles par la littérature, la sociologie, et aussi par la psychanalyse, la politique ou encore la religion.

Tous ces textes ont pourtant quelque chose de plausible. Il faut donc se poser une question essentielle : Le thème du Graal serait-il une sorte d'auberge espagnole du symbolisme, qui procéderait d'une synthèse de tout ce qui existait avant lui ?
Ou bien n'est-ce pas à l'inverse une simple construction intellectuelle, mais tellement bien faite et tellement juste, que chaque autre source peut s'y installer sans difficulté ?
En d'autres termes, le symbole du Graal était-il déjà contenu dans diverses cultures, ou est-ce lui qui contient toutes les cultures ?

L'objectif de cette contribution sera de permettre au lecteur de comprendre pourquoi le Graal est passé de l'imaginaire individuel à un statut de symbole universel.

La raison tient dans une méthode de construction et de pensée qui a présidé à sa mise en œuvre. Je veux dire par là, qu'il existe un schéma général, d'ordre géométrique, sur lequel le célèbre « Conte du Graal » de Chrétien de Troyes a été construit. Et ce schéma est d'une telle pertinence que tout s'explique grâce à lui. Nous serons donc contraints dans cette approche, d'écarter tout ce que le texte comporte d'intuitif ou d'esthétique, pour nous concentrer sur la structure même du document.

Le mythe du Graal va alors devenir le témoin, de l'existence d'une « machine à penser » fidèle à la tradition Hellénique. Cette machine n'est rien d'autre qu'une méthode géométrique.

Il faut bien comprendre, que si le Graal a réussi à traverser tant de siècles sans jamais subir la désaffection du « déjà-vu », s'il a su inspirer tant de chef-d'œuvre de musique ou de littérature, c'est parce qu'il est lui-même un chef-d'œuvre. Mais un chef-d'œuvre au sens opératif c'est-à-dire qui préside à l'œuvre de l'esprit. Le Graal est ainsi le grand inspirateur, le géomètre de la pensée humaine, et c'est dans l'analyse de sa construction que nous allons découvrir son secret.

Avant d'entreprendre ce long développement, nous allons situer le Graal dans l'espace et le temps. Puis viendra un bref mais nécessaire développement sur l'analyse géométrique, et ce n'est qu'ensuite que nous aborderons la construction précise du roman de Chrétien de Troyes.

Nota : les citations, qui introduisent différentes parties ou chapitres de cette étude, ont été relevées pour la plupart dans la thèse de Guy Michaud (Université Grenoble 1947, Nizet) et intitulée : « Message poétique du Symbolisme ». Quelle que soit en effet la technique de construction que Chrétien a utilisée, son œuvre reste à l'éternité en tant qu'œuvre d'art, en tant qu'hymne à la beauté poétique. Elle est à la littérature ce que les cathédrales sont à l'architecture : la preuve que la maîtrise d'une technique peut être l'occasion de conquérir ce qui est l'essentiel pour l'Homme : la Beauté.

Sceau de l'Ordre du Temple aux deux cavaliers sur un même cheval.

*« L'esprit moderne tente de reconstruire
par la synthèse
ce qui avait été divisé par l'analyse »*

Ch. Morice,
La Littérature de tout à l'heure, 1889

INTRODUCTION

Celui qui essaie de comprendre le sens des choses est souvent confronté à une collection de données. À lui de les trier, de les organiser – avec les moyens du bord – afin d'en dégager les points communs. Les méthodes sont nombreuses : analytique, analogique, déductive, comparative…

Le choix d'une méthode est fréquemment dicté par l'inspiration ou la conjoncture, ce qui rend dans ce cas, les conclusions obtenues parfaitement aléatoires. L'approche qui sera conduite dans les pages qui suivent se veut uniquement objective et mathématique (plus exactement géométrique).
Elle concerne l'analyse du Roman du Graal, c'est-à-dire d'un poème de 9 000 vers écrit par Chrétien de Troyes vers 1175-1190, sous le titre : *Perceval ou li conte del Graal*[5].
À ce stade et avant d'aller au cœur de ce texte, il me paraît important de situer cette œuvre littéraire dans son contexte culturel et historique.

Panorama de la littérature arthurienne

L'histoire de la chevalerie arthurienne, au sein de laquelle s'est développée la Queste du Graal, a pour source des événements historiques réels, qui se sont déroulés au Ve siècle.

Il s'agit de l'invasion de la Bretagne par les tribus Saxonnes. Barbares d'origine germanique, les Saxons sont confrontés à la résistance acharnée du peuple Breton, héritier de la vieille culture Celte, qui se regroupe autour de ses chefs historiques ; certains sont restés célèbres : Uterpendragon et son fils Artus (qui devint le Roi Arthur du cycle).

Les traces écrites des exploits d'Arthur figurent dès 540 dans les chroniques de Gildas, en 731 (chronique de Bède le vénérable) et au IXe siècle (chronique de Nennius). Mais dans notre partie « gauloise » de la Bretagne, ce sont surtout les confréries de ménestriers qui propagèrent la gloire d'Arthur sous forme de vers chantés. En cette période où les écrits sont rares, la propagation par le chant est capitale car son efficacité est absolue (mémorisation). Ainsi au début du XIIe siècle, on trouve dans les registres paroissiaux de l'Italie du Nord, trace d'enfants baptisés sous le nom d'Artusius (Arthur) ou Walwanus (Gauvain). Dans la première moitié du XIIe siècle, Geoffrey de Monmouth rédige en latin une « Histoire de la Bretagne » suivie d'une « Vie de Merlin » dont le succès se mesure au nombre de copies conservées : il y en a 34 au seul British Muséum !

Ce « best-seller » de l'époque est traduit en Français en 1135 par Wace, et donne sur le continent une immense notoriété aux personnages d'Arthur et de

Merlin, symboles de l'alliance des vertus militaire et morale avec l'antique science des druides celtes. Ce texte nous fait aussi découvrir la « Table ronde », lieu de réception initiatique, siège d'une instance collégiale de décision, conçue selon des nombres qui sont à l'époque utilisés dans les gigantesques constructions gothiques.

En 1175, Marie de France cite dans ses « Lais » la légende arthurienne. Et c'est à peu près à cette même date que se produit l'événement littéraire majeur, que constitue la rédaction de l'œuvre de Chrétien de Troyes. L'auteur est né en Champagne, terre d'élection de l'ordre Cistercien et grande pourvoyeuse de Templiers.

Chrétien de Troyes nous laisse un conte inachevé, alors que ses autres œuvres comportaient une fin toute traditionnelle (Érec, Cligès, Lancelot, Yvain, le Chevalier au lion). Nous verrons à la fin de cette étude, ce qu'il faut penser de ce caractère inachevé. Est-il subi ou voulu ? Cette question est d'importance, en particulier pour la datation de l'œuvre.

Bien qu'inachevé, le texte de Chrétien de Troyes remporte un immense succès, et les auteurs de l'époque prennent à leur compte le thème de la Queste du Graal, en lui apportant cette fois-ci une fin plausible. On appelle ces auteurs des « continuateurs ».

Les continuations de la Queste du Graal sont dues à :

Wauchier de Denain (1214), Manessier (1227), Gerbert de Montreuil (1230) et surtout le célèbre Wolfram von Eschenbach dont le Parzival atteint des sommets d'ésotérisme Templier.

On peut également citer le suisse Ulrich von Zatzikoven, auteur d'un merveilleux Lancelot, et surtout Robert de Boron qui apporte à la légende du Graal un matériau chrétien définitif[6].

C'est Robert de Boron qui fut l'inspirateur du « Lancelot en prose » texte splendide dont l'auteur est resté inconnu (c'était sans doute un cistercien).

La circulation de ces romans sera ininterrompue jusqu'au XVIe siècle, époque de la dernière réédition. Ensuite ils subiront une désaffection de deux siècles. Leur succès reprend en 1775 avec une nouvelle parution des romans de la table ronde, qui n'ont plus cessé depuis de faire l'objet de publications régulières.

En parallèle de ces travaux, de nombreuses études et analyses ont été produites, citons parmi les auteurs généralistes : J. Boulanger, A. Pauphilet, F. Lot, J. Frappier, A. Micha, M. Roques.

Parmi les auteurs « à thème », nous relèverons en particulier les publications de :

• Jean Markale qui s'est efforcé de mettre en relief les sources Celtiques du mythe,

• J. Evola, qui a rapproché le rôle de la chevalerie
des luttes historiques entre les Guelfes et les Gibelins,
entre l'Empire et la Papauté[7].

• Marie-Louise von Frantz et Emma Jung (l'épouse
de C.-G. Jung) qui ont analysé le matériau symbolique de la légende, à la lumière des théories
jungiennes[8].

Le contenu et les thèmes principaux
de la légende arthurienne

On peut d'abord constater que cette légende s'est
métamorphosée en mythe. Les faits historiques se
sont enrichis peu à peu d'un matériau symbolique
qui va très au-delà des événements, pour embrasser
une explication du destin de l'humanité. C'est alors
qu'il acquiert son caractère de mythe et va permettre
au lecteur d'éclairer sa conscience.

Les principaux enseignements de la littérature
Arthurienne sont les suivants :

• Il existe dans le monde des hommes de valeur
susceptibles d'améliorer le sort de l'humanité.

• Ces hommes de valeur ont toutefois besoin d'un
lieu de rencontre et d'un enseignement progressif
comportant une partie spirituelle dominante.

• Ils se recrutent par cooptation, et sont égaux en
droit.

• Leur mission est de reconstruire un temple détruit, symbolisé par un Roi blessé régnant sur une « gaste terre ».

• l'accomplissement de leur mission nécessite une démarche initiatique graduée, la réalisation de voyages, et de s'astreindre à la pratique des vertus principales que sont la Foi, l'Espérance, la Charité, la Justice, la Sagesse, la Clémence, la Tempérance, la Prudence.

• l'aboutissement de cette mission permettra de guérir le monde de son péché, et d'unir le microcosme au macrocosme, par le truchement d'un repas commun.

Par ailleurs, et sur le plan sociologique, la littérature Arthurienne donne un éclairage sur les principales composantes de la société médiévale :

• le rôle de la chevalerie

• le rôle du clergé (principalement des moines et ermites)

• l'équilibre entre les traditions chrétienne et celtique,

• le rôle de la femme dans la société,

• la nécessité de courtoisie déclinée sous la forme de Tolérance et de Charité.

Déclinaison de ces enseignements

Perceval, fils d'une veuve (vers 72), élevé dans l'ignorance du monde, naïf et pur de cœur, est coopté par la cour d'Arthur. Après avoir fait preuve de sa bravoure et de l'intérêt qu'il porte à ceux qui sont dans la douleur, il recevra une formation chevaleresque et militaire auprès de Gornemant, et ensuite spirituelle (la Demoiselle Hideuse puis l'Ermite) tout au long de la seconde partie de sa quête. Parvenu à la porte du Temple (château du Roi Pêcheur), il assiste au cérémonial de l'Eucharistie dans lequel le calice est le Graal. N'étant pas prêt en esprit, il ne pose pas la question qui déjouerait cet enchantement et repart en chemin. C'est à l'issue d'une prise de conscience de la nécessité de se repentir et de communier qu'il recouvre la pureté nécessaire à l'accomplissement de sa mission.

En parallèle, la littérature Arthurienne nous donne en exemple les aventures d'autres chevaliers comme Gauvain (trop attaché aux attraits du monde), comme Lancelot (frappés par le péché) ou encore Keu le sénéchal (la tempérance lui manque pour canaliser ses pulsions). Ces contre-exemples mettent en relief la nécessaire pureté vertueuse requise pour conquérir le Graal.

Qu'est-ce que le Graal ?

La légende dit qu'il est un château dans la « gaste forêt », où vit un « Roi pêcheur ». Il est blessé (méhaigné) et mourant (analogie entre la situation du Roi et celle de sa Terre). Le Roi possède un trésor merveilleux, sous forme d'objets sacrés dont la procession est quotidienne. Trois objets sont cités : le Graal, la Lance qui saigne, et le Tailloir. Le Graal contient l'hostie dont se nourrit exclusivement le Roi.

Chrétien de Troyes ne donne aucune explication sur la provenance de ces trois objets. Toutefois, il est facile de les rapprocher de la symbolique Chrétienne. Le Graal sera le vase ou la coupe de la Cène, qui permit à Joseph d'Arimathie de recueillir le sang du Christ. La Lance est celle avec laquelle le centurion Longin perça le flanc du Christ pour s'assurer de sa mort. Et le Tailloir est le plat d'argent sur lequel on présenta à Hérode la tête de saint Jean-Baptiste, réclamée par Salomé.

Après Chrétien de Troyes, les continuateurs seront plus explicites sur l'origine de ces objets, et sur celle du Graal en particulier. La coupe sainte fut décrite comme ayant été taillée dans l'émeraude que Lucifer portait au front avant sa chute sur terre.

Pour en revenir à la source de Chrétien de Troyes, le Graal est donc un calice qui sert à porter la nourriture du Roi blessé. Pour guérir le Roi, il faut qu'un chevalier très pur assiste à la procession et pose la question : à quoi ou à qui est destiné cette procession et ce service ?

La question posée doit immédiatement effacer la malédiction frappant le Roi et sa terre, et le Chevalier devient alors le nouveau gardien du Graal, et le souverain d'un pays ayant retrouvé son opulence.

Le mot « Graal » est utilisé pour la première fois par Chrétien de Troyes. Il est historiquement l'inventeur de ce concept dont aucun de ses prédécesseurs dans la littérature Arthurienne n'a jamais parlé. L'origine de ce mot a été très discutée. Deux pistes plausibles furent proposées par Jean Frappier :
• la dérivation du mot « Grazal » qui signifie « écuelle » en langue d'Oc. Grazal étant lui-même une dérivation du latin « cratera » (cratère ou coupe). À noter que cet ustensile de repas était utilisé en commun par deux convives, ce qui offre un rapprochement symbolique avec l'un des sceaux de l'Ordre du Temple présentant deux chevaliers sur un même cheval.
• la dérivation du latin « gradalis » donnant l'idée d'un degré, d'une élévation à réaliser.

Le Graal possède ainsi une double signification de contenant (l'athanor du Roi pêcheur) et de contenu (l'élévation nécessaire pour parvenir à la maîtrise du mystère de l'Eucharistie).
Par ailleurs, on peut observer que ce thème, qui est celui du trésor caché, met en relief autant le trésor lui-même, que la façon de procéder pour se l'approprier. Il y a donc dans ce mythe, un déplacement du mystère de l'objet vers le sujet, ce qui est typique du processus initiatique. Je renvoie sur ce point le lecteur aux analyses de C.-G. Jung sur les processus mentaux de l'Alchimie (C.-G. Jung *Psychologie et Alchimie,* éd. Buchet Chastel).

Il n'est pas impossible que l'un des objectifs de Chrétien de Troyes fût de contribuer au renforcement de la doctrine Eucharistique. En effet, le dogme de la présence physique du Christ dans l'hostie est récent puisqu'il date du concile de Nicée (787) ; récent et mal accepté. En témoigne le débat qui s'instaura en 1045 entre l'abbé Lanfranc et l'archidiacre Béranger de Tours, qui valut à ce dernier d'être excommunié pour avoir douté de la réalité de la transsubstantiation[9]. Dans un domaine analogue, l'église catholique Romaine est à cette époque violemment attaquée par les hérésies (voir infra). Le développement de la doctrine Eucha-ristique est donc une réplique aux attaques hérétiques. Elle réintroduit un élément « merveilleux » dans la liturgie, de nature à mobiliser les esprits de l'époque. Il est donc essentiel qu'un bon chrétien se pose la question de l'Eucharistie, et Perceval en ne la posant pas commet une faute qu'il paiera durement par la suite.

Chevalerie terrestre, chevalerie céleste

Le roman de Chrétien est un plaidoyer vibrant pour une nouvelle chevalerie. L'institution chevaleresque fait en effet courir un grave danger à la société civile. Dépourvus d'idéal, souvent de ressources, les chevaliers deviennent errants et constituent une menace croissante pour l'ordre public. Leur inexorable évolution vers le banditisme, explique les réactions de saint Bernard, de la reine Aliénor d'Aquitaine, ou de l'Ordre du Temple. Ces trois types de stratégies concourent à redonner à la chevalerie le sens des valeurs humaines et des devoirs. Revenir vers Dieu pour St Bernard[10], développer le sens de l'amour courtois pour Aliénor, renoncer au monde pour entrer au service de Dieu chez les Templiers, ces trois projets sont fusionnés dans l'œuvre de Chrétien de Troyes. Perceval en est la synthèse.

• il ne refuse jamais son aide à une dame, et ne lui vole qu'un baiser, sans jamais recourir à la force. C'est pour aider Guenièvre et la venger qu'il vainc le Chevalier Vermeil dont il portera les armes. C'est en volant à son secours qu'il s'éprend de Blanchefleur. C'est pour venger la Pucelle-qui-rit, qu'il châtiera le sénéchal Keu.

• il abandonne la douceur de vivre auprès de Blanchefleur pour se consacrer à la Queste, et fait le serment de ne jamais dormir deux nuits de suite à la même place avant d'avoir retrouvé[11] le Graal. Il adopte ainsi une attitude monacale : vœu et exclusion du monde.

• enfin il donne à sa quête une dimension spirituelle, en retrouvant les valeurs chrétiennes qu'il avait perdues de vue depuis la séparation d'avec sa mère (épisode de l'Ermite).

Perceval nous offre ainsi l'exemple d'un parcours qui va de l'appel des armes (épisode de la rencontre avec les 5 chevaliers en armes), à l'armement de chevalier « terrestre » (épisode de Gornemant) pour aboutir à une chevalerie entièrement spirituelle (l'Ermite).

La noblesse spirituelle est donc – comme le remarque Henri Corbin[12] – d'abord ordonnée par l'ésotérisme, puis sublimée par la chevalerie du Graal. Le chevalier spirituel n'est ni un clerc ni un laïc. La chevalerie du Graal œuvre pour reconstituer l'image primitive de l'humanité avant sa chute, et à titre individuel, le chevalier du Graal reconduit son âme vers sa pureté originelle. Fidèle à la parole que rapporte Ézéchiel : « je m'engageai avec toi par un pacte », il mène une route solitaire (Ézéchiel XVI, 8.) mais il est en permanence le témoin de l'attente de Dieu. Il est « la lumière du monde » Matt. V-14. et il nourrit son Dieu dont l'existence n'est le fait que de sa conscience d'homme pur.

Ainsi, et comme le remarque J. Evola, la chevalerie Arthurienne, réalise la fusion entre le principe guerrier (chevalerie terrestre) et le principe spirituel (chevalerie céleste). Et Thomas Malory ajoute dans la *Morte Darthur* que ses élus se sentent : « plus bénis et plus dignes de vénération que s'ils eussent obtenu la moitié du monde ». Et ils abandonnent leurs parents, leurs femmes et leurs enfants pour suivre l'Ordre.

La chevalerie Arthurienne constitue donc un Ordre modèle, destinée à accueillir l'unification de tous les Ordres monaco-militaires. Fondé sur les trois principes de la Beauté (au sens de la noblesse), de la Force (courage viril) et de la Sagesse (Vérité et Justice), l'Ordre Arthurien correspond de très près au descriptif de Raymond Lulle dans son *Livre de l'Ordre de la Chevalerie* paru en 1275.[13]

Voilà la grande ambition de Chrétien de Troyes : amener vers la spiritualité les chevaliers qui n'ont ni la croisade pour se mettre au service de la foi, ni la volonté d'entrer dans l'Ordre du Temple. Le Perceval de Chrétien est écrit environ 40 ans après la seconde croisade et 10 ans avant la troisième. Le calme relatif de cette période explique ce « désœuvrement » qui donna naissance à l'image du chevalier errant. Cette observation nous amène à examiner le contexte politique culturel et religieux de cette époque.

**L'ambiance du roman du Graal :
le contexte politico-religieux**

Sur le plan religieux Chrétien de Troyes naît dans une période des plus fécondes. Sa venue au monde (1135) intervient 7 ans après la remise de la règle de l'ordre du Temple aux neuf chevaliers rentrés de Palestine. Cela se passait au concile de Troyes en 1128…
Cinq ans auparavant (1130) St Bernard avait édité son *de laude novae militiae*. Et cinq ans après, le même St Bernard organisait la condamnation d'Abélard (1140). En 1146, St Bernard encore, prêche à Vézelay la seconde croisade.
Chrétien de Troyes voit sa vie rythmée par l'érection de nos principales cathédrales :
le chantier de Sens débute en 1130, celui de Paris en

1163, ceux de Soissons et de Cantorbery en 1175, Bourges débute en 1192 et Chartres est consacrée en 1194.

Mais on aurait tort de croire que cette époque est celle du catholicisme triomphant. L'église de Pierre est en effet en butte aux plus grandes difficultés politiques. Les croisades se multiplient. Après le succès de la première, et la prise de Jérusalem en 1099, une seconde expédition est montée en 1146 (prêchée à Vézelay par St Bernard), et une troisième en 1190 après que Saladin eut repris Jérusalem en 1187. Chrétien de Troyes naît cinq ans après l'élection de l'anti-pape Anaclet (1130) qui verra les factions catholiques se combattre par les armes. En 1170 l'archevêque de Cantorbery, Thomas Beckett est assassiné, probablement sur ordre de ce même Henri II qui souhaitait redonner du lustre aux légendes arthuriennes.

Les hérésies foisonnent, à tel point que 17 cultes étaient rendus à Milan à des divinités différentes! Parmi ces hérésies, le catharisme occupe une place de choix[14].
Pendant deux siècles nous assistons à des conciles parfois mobilisateurs contre l'hérésie, (par exemple le concile de Reims en 1157) et parfois animés de volonté d'apaisement (comme celui de Tours en 1163). On assiste même à l'organisation de conférences contradictoires entre les deux doctrines! (Lombers en 1165, Carcassone en 1204...). En plus des cathares, l'église romaine combat les manichéens,

les Pauliciens, dans les Balkans ce sont les Bogomiles, et les Vaudois prolifèrent à Lyon (secte des pauvres de Lyon).

Enfin, la lutte entre les Guelfes et les Gibelins déchire en Europe les partisans d'un pouvoir impérial germanique et ceux de la Papauté. Ces déchirements violents transparaissent dans la littérature Arthurienne comme l'a montré J. Evola dans son œuvre.

Sur le plan politique Chrétien de Troyes est le contemporain de Louis VII (le jeune) puis de Philippe Auguste. En Angleterre, il voit régner Henri II et Richard Cœur de Lion. La liaison entre ces deux dynasties est assurée par Alienor d'Aquitaine qui fut la reine de France puis d'Angleterre. Elle fut la protectrice des arts dans les deux pays, en particulier des ménestriers qui propageaient les œuvres en vers en les accompagnant de leurs instruments de musique.

Ce sont eux qui ont assuré la notoriété des textes qui nous intéressent. L'organisation de leur confrérie mérite une étude particulière que nous ne pouvons développer ici, mais qui à bien des égards rappelle les traditions des sociétés initiatiques.

La deuxième épouse de Louis VII est Adèle de Champagne, quant à l'épouse du Comte de Champagne, c'est une fille d'Alienor et de Louis VII.

Un autre aspect politique majeur réside dans la création des franchises des villes. Ce mouvement « indépendantiste » a été en réalité voulu et appuyé par la hiérarchie féodale. Il avait pour objectif caché de faire supporter par les bourgeois le coût de l'entretien des milices nécessaires à leur défense et de créer un réservoir de soldat « mobilisables » en cas de besoin par le pouvoir central. Cette prolifération des milices urbaines est une raison supplémentaire du désœuvrement des chevaliers.

En outre cette époque est celle de l'apparition d'un contenu spirituel dans la cérémonie d'adoubement. Ivan de la Thibauderie observe à juste titre qu'en 1129, l'adoubement n'a pas d'autre contenu que celui – laïque – d'une remise d'armes. Ce n'est qu'un cérémonial, fort bien décrit dans la chronique relatant l'adoubement de Geoffroy Plantagenêt. Par contre, en 1181, l'adoubement d'Arnould II comporte très nettement ce contenu spirituel, manifesté par la « Collée », et qui fait évoluer la cérémonie vers un véritable rituel[15].

Pourquoi cette étude est-elle centrée sur le texte de Chrétien de Troyes ?

Parce que le « Perceval » de Chrétien de Troyes constitue un mythe. C'est ce texte qui est le fondement de la littérature du Graal. Certes il existait avant lui une littérature Arthurienne, où l'on parlait déjà d'exploits chevaleresques et de Table ronde. Mais c'est dans le Perceval qu'on voit apparaître pour la première fois le Graal. Aucun auteur n'en parle avant Chrétien de Troyes. Cette œuvre constitue donc légitimement le « pivot » du mythe, les textes antérieurs étant ses sources historiques et les textes postérieurs ses applications dérivées.

Le Perceval remplit toutes les fonctionnalités du mythe :
Il est éducatif : il propose à travers des images simples un enseignement cosmologique et métaphysique qui nécessiterait sans le recours à la symbolique, de longs développements rébarbatifs.
Il est religieux au sens où le mythe répond à deux aspects particuliers : il est aide l'homme à se situer au sein de la Création, et d'autre part il remplit des fonctions magiques, puisque, comme toute construction rituelle il fait appel à la manifestation d'énergies supérieures[16].

À la suite du mythe se produit une fécondation des esprits. On voit alors apparaître des sous-mythes, des légendes, des fables, des contes, qui se greffent sur l'une ou l'autre des parties du mythe initial. Le mythe du Graal a joué lui-même ce rôle inséminateur. Du Don Quichotte de Cervantès à l'Excalibur de John Boorman, la piste n'a jamais été perdue.

Quelle méthode adopter pour analyser un mythe ?

Nous nous en tiendrons à une méthode très simple qui est celle de la géométrie. Cette bonne vieille géométrie Euclidienne que nous avons apprise sur les bancs du lycée. Ce qui fonde ce choix, c'est l'observation que tous les grands mythes sont construits avec une extrême précision, et que l'expression de cette précision est d'ordre géométrique. Cela signifie qu'en présence d'un mythe, une figure géométrique peut toujours être tracée pour en résumer la teneur. Il en va ainsi du mythe de Vénus, de celui d'Hercule, Horus, Hécate ou encore Apollon. Je renvoie le lecteur curieux de ces comparaisons aux œuvres de Pierre Vincenti Piobb, et en particulier à « La clé universelle des sciences secrètes » et à « Vénus ».

Pour en revenir à l'analyse géométrique, elle se fonde sur la distinction connue entre les nombres cardinaux et ordinaux.

• par les nombres ordinaux, on classe les événements ou objets dans l'ordre de leur succession dans le temps ou l'espace.

• par les nombres cardinaux[17], on extrait de l'ensemble, des groupes d'événements ou d'objets, qui ont un sens commun et qui donnent la direction générale de l'organisation.

Les points d'observation sont placés sur un cercle, car la « Totalité » est mentalement un concept circulaire (voir travaux de C.-G. Jung sur les Mandalas, qui corroborent notre remarque initiale sur les sens du phonème « gesh » des sumériens.). Par ailleurs, la géométrie du cercle est dans la cohérence de cette tradition de la Table Ronde, que Chrétien de Troyes a reprise dans son Perceval. Ainsi, parmi les points recensés d'un mythe, quatre d'entre eux sont cardinaux, et forment les repères de la réflexion. Ensuite chacun de ces points pourra être précisé par l'étude spécifique d'une autre figure (par exemple un triangle).

Cette méthode est donc d'une étonnante simplicité. Nous la devons pour l'essentiel aux auteurs grecs. Ainsi, Platon avait-il pris soin de faire graver au frontispice de son école la phrase : *Nul n'entre ici s'il n'est géomètre.* Elle avait pour but de rappeler aux élèves la méthode de travail qui consistait à vérifier par les figures géométriques exactes, la cohérence des éléments d'un raisonnement ou d'une démonstration. Le grand scientifique Marcellin Berthelot avait aussi coutume de dire que *« rien n'existe qui ne se vérifie en géométrie »*, et plus près de nous, la physique quantique utilise aussi ce support pour la classification mentale de ses contenus[18].

L'analogie permanente entre la philosophie et la géométrie, fut une véritable science secrète. Elle était réservée à une élite soigneusement sélectionnée. Un exemple très édifiant peut être donné à ce propos : Les Grecs sont les pères de la démocratie, et de l'égalité des hommes (du moins des hommes libres jouissant de la qualité de citoyens). Ce concept de l'égalité est un pur dérivé de la Géométrie. En effet Euclide dans son traité *Les éléments* nous livre en exergue, les axiomes et principes qui, sans être démontrés, sont nécessaires au développement de sa théorie. Parmi ces principes préalables, que le néophyte géomètre doit accepter tels quels, il en est un qui stipule que « tous les angles droits sont égaux entre eux ». Le passage de la géométrie à la philosophie amène un élève d'Euclide à rapprocher l'Homme de l'angle droit, puisque c'est le seul animal de la création à vivre en permanence à 90° du sol. Par analogie, tous les hommes sont aussi égaux entre eux. Mais cette égalité n'est pas prouvée, c'est un postulat, un préalable nécessaire à toute construction sociale.

Après cet aperçu de la méthode géométrique, passons à l'expérimentation.
Mais auparavant, et dans une première partie, nous reviendrons sur un descriptif précis du texte de Chrétien de Troyes, dont – et vous verrez pourquoi – nous n'utiliserons pas la totalité.
Ensuite nous classerons les personnages et les événements.
Tout sera dès lors en place pour mener notre analyse, ce qui fera l'objet de la seconde partie.

Autre représentation des deux cavaliers du Temple.

1re PARTIE

Le texte et les thèmes d'analyse
dans le *Perceval*
de Chrétien de Troyes

« *Au théâtre, la Foi donne à chacune de nos actions,
si elles sont représentées, et d'ailleurs,
coupables ou non, un caractère symbolique.
Rien ne se passe plus isolément, mais au regard
d'une réalité supérieure, du grand drame
de la création et du Salut qui sert de fond
et dont voici une espèce de commentaire particulier,
une parabole en action* ».

Paul CLAUDEL,
Positions et propositions 1, 249/250.
Gallimard.

REMARQUES PRÉLIMINAIRES

Perceval et Gauvain

La première impression qu'on retire à l'issue de la lecture du *Conte del Graal* de Ch. de T., c'est qu'en fait, l'auteur vient de nous raconter deux histoires distinctes. Elles ont mis en scène deux héros très différents, Perceval et Gauvain, qui mènent chacun une quête de nature différente. La quête de Perceval, après la vision du Graal et l'explication de ses fautes, est essentiellement orientée vers la spiritualité. Celle de Gauvain, chevalier terrestre, n'est qu'un parcours erratique qui va de bagarres en séductions. La spiritualité n'est pas son ambition, et il sera du reste, le seul chevalier de la cour d'Arthur à ne pas se lancer dans la quête du Graal (épisode de la demoiselle hideuse). Par ailleurs, Chrétien de Troyes a pris soin de séparer les épisodes relatifs aux aventures de chacun des deux héros. Les passages les concernant sont donc alternatifs, et jamais les deux héros ne participent à la même aventure ou à la même scène. On a donc le sentiment très net qu'il s'agit de deux romans, mélangés habilement par l'auteur[19]. Mais alors pourquoi ce mélange? Il tient à mon sens à deux raisons essentielles: l'une est psychologique et l'autre ésotérique.

La raison psychologique est bien connue de tous les dramaturges. Elle consiste à créer parmi les personnages de l'œuvre, un rôle qui serve de repoussoir, plus exactement d'anti modèle, et dont l'objectif sera de mieux mettre en valeur le personnage principal. Gauvain joue ce rôle de personnage – repoussoir. Sa présence discrète est voulue par l'auteur, qui laisse à Gauvain des aspects profondément sympathiques. C'est un personnage attachant, courageux, brillant, courtois, mais il lui manque cette étincelle qui fait passer le héros au niveau supérieur.

La raison ésotérique c'est que le modèle de la construction de l'œuvre de Chrétien de Troyes devait rester secret. Mais ce secret ne concerne pas seulement la méthode de construction du scénario. Elle n'était certes diffusée qu'au sein de cénacles initiatiques, mais le vrai secret tient probablement au fait que l'auteur a reçu ce scénario ou plutôt le synopsis d'un commanditaire sans doute placé à un niveau très élevé de la société féodale.
Chrétien de Troyes et son commanditaire, n'ont pas jugé bon de rendre cette trame trop visible. Il aurait été contraire à leur façon d'agir de livrer des éléments trop limpides. On a donc délibérément choisi d'obscurcir le fil de l'histoire par l'enchaînement de deux récits qui s'interpénètrent par alternance. Mais le titre même de l'œuvre suffit à rétablir l'essentiel : il s'agit de « Perceval » et non pas de Gauvain.
Il suffira donc à l'analyste de séparer « le subtil de l'épais », comme la Table d'Émeraude le conseille, et le texte, purifié de ses éléments hétérogènes, appa-

raîtra dans toute la lumière de sa cohérence. J'incite donc les lecteurs à reprendre les seuls épisodes du texte relatifs à la queste de Perceval et à laisser de côté ceux concernant Gauvain, pour lesquels une lecture séparée sera faite.

J'en profite pour souligner que les développements qui vont suivre impliquent de la part du lecteur une connaissance du texte (partie relative à Perceval) sans laquelle il risque de perdre le fil du raisonnement. Cependant, pour l'aider, le prochain chapitre va lui offrir un résumé rapide du « scénario » du conte du Graal.

« *Il ne suffit pas de saisir l'ensemble,*
la figure composée dans ses traits, nous devons juger des
développements qu'elle implique, comme le bouton la rose,
attraper l'intention et le propos, la direction et le sens,
le Temps est le sens de la vie. »

Paul CLAUDEL,
Art poétique, 1903

I

LE TEXTE DE PERCEVAL

Ayant mis de côté les épisodes traitant des aventures de Gauvain nous allons maintenant nous concentrer sur les seules parties qui concernent Perceval.

L'histoire de Perceval se déroule selon un plan précis. Elle est organisée en douze épisodes.

Chaque épisode permet au héros de rencontrer un personnage-clé, dont le rôle consiste à aider ce jeune chevalier pour franchir une nouvelle étape.

Il existe aussi des personnages secondaires, qui ne déterminent pas la progression de Perceval. Parmi eux figure Arthur, et nous verrons plus loin pourquoi le rôle-clé lui a été ravi par Guenièvre.

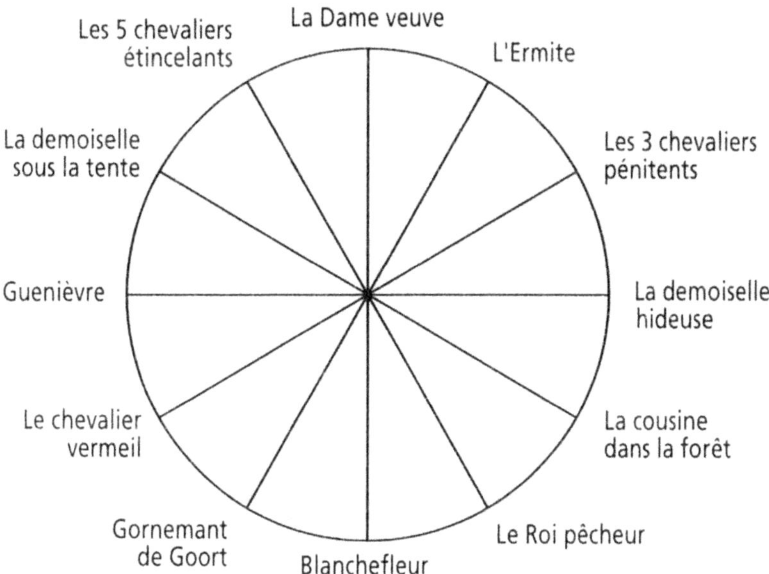

Ces douze personnages sont successivement :
1- La dame veuve
2- Les 5 chevaliers étincelants
3- La pucelle sous la tente
4- La reine Guenièvre
5- Le chevalier Vermeil
6- Gornemant
7- Blanchefleur
8- Le Roi pêcheur
9- La cousine dans la forêt
10- La demoiselle Hideuse
11- Les 3 chevaliers pénitents
12- L'Ermite.

Reprenons donc brièvement la description de ces douze épisodes.

1. Au début du roman, Perceval n'a pas de nom. Il est nommé « li filz a la veve dame » (Vers72)[20]. Il fut élevé par une mère « protectrice » qui voulait lui éviter de subir le sort de son père, lui aussi chevalier et mort des suites d'une blessure. Il ne connaît même pas le nom de son père et encore moins les arcanes de la chevalerie. Sa formation chrétienne est elle aussi rudimentaire.

2. Il rencontre en chassant un groupe de 5 chevaliers en armes dans la forêt. Ébloui, il leur demande : « êtes-vous Dieu ? ». C'est la découverte de la chevalerie, et la révélation pour ce jeune valet, de la voie qui lui est tracée. Il décide donc de les suivre à la cour d'Arthur pour être armé chevalier. Il quitte alors le domicile de son enfance et sa mère en meurt d'émotion sans que Perceval ne s'en rende compte.

3. En route vers la cour d'Arthur, il rencontre une jeune femme (la demoiselle sous la tente) à laquelle il prend un baiser et un anneau d'or. Il s'enfuit avant l'arrivée du compagnon de la jeune femme présenté comme jaloux et tyrannique. Il le retrouvera plus loin dans le récit et le châtiera comme il le mérite. Mais à ce stade, le moment n'est pas venu.

4. Il arrive à la cour d'Arthur où règne une grande désolation. La Reine Guenièvre, dont le nom (Gwenny fair) signifie « Dame blanche » a été insultée par le chevalier Vermeil. Ce rustre est entré à cheval dans la salle du banquet et a volé la coupe d'or de la Reine. Le Roi Arthur, étrangement passif, au lieu de laver lui-même cet affront, accepte que Perceval prenne en charge la vengeance de Guenièvre et lui octroie en cas de succès, le droit de porter les armes rouges (vermeilles) du vaincu.

5. Perceval poursuit le chevalier Vermeil, le rattrape et le tue en combat, grâce à son javelot de chasse. Il dépouille le vaincu et revêt tout son armement et sa cuirasse de couleur rouge. Mais au lieu de revenir à la cour d'Arthur pour se faire adouber, il poursuit son chemin. Ce point explicite le précédent. En effet Arthur ne s'est pas montré digne d'adouber un chevalier. Roi résigné et humilié, Arthur ne constitue qu'un personnage mineur dans le roman de Chrétien de Troyes. Le personnage déterminant du point 4 est Guenièvre.

6. Revêtu des vêtements rouges, et des armes du chevalier Vermeil, Perceval rencontre un prud'-homme nommé Gornemant, vêtu de blanc, et lui aussi chevalier. C'est lui qui va adouber Perceval, après l'avoir instruit de l'art du combat armé, des principes de la morale chevaleresque, et donné quelques conseils de prudence, notamment de savoir se taire et d'éviter de poser des questions. Ce dernier point sera lourd de conséquences…

7. Notre apprenti chevalier poursuit sa route et parvient au château de Blanchefleur, en proie à une

grande désolation. Un voisin félon a mis le siège devant cette forteresse et ses habitants sont au bord de la famine. Perceval le délivre avec bravoure de ses assaillants et tombe amoureux de Blanchefleur qui passe la nuit avec lui, et lui donne l'initiation amoureuse. Mais Perceval poursuit sa route...

8. Il parvient à un nouveau château, appartenant à un Roi blessé qui s'adonne au loisir de la pêche. Le Roi pêcheur le fait assister, pendant le dîner, à la procession mystérieuse des trois objets (Graal Lance et Tailloir). Fidèle aux recommandations de Gomemant, Perceval ne pose aucune question à ce propos. À son réveil, le château a disparu.

9. Poursuivant sa route, Perceval rencontre dans la forêt une jeune femme qui s'avère être sa cousine. Elle pleure la mort de son chevalier servant qui gît, la tête posée sur ses genoux. Elle lui explique l'erreur qu'il a commise en ne posant pas de question au château du Roi-pêcheur. Elle lui apprend la mort de sa mère. Enfin, et surtout, elle lui révèle que son nom véritable est « Perceval le Gallois ».

10. De retour à la cour d'Arthur, il rencontre la demoiselle hideuse, figure de prophétesse, vêtue de gris, qui le fustige pour l'épisode malheureux du Graal et appelle tous les chevaliers à se mettre à la quête. Tous acceptent sauf Gauvain, et Perceval jure de ne plus dormir deux jours à la même place tant qu'il n'aura pas retrouvé le château du Roi-pêcheur.

11. Perceval mène alors une quête de cinq ans, pendant laquelle il vainc soixante chevaliers qu'il envoie se livrer à la cour d'Arthur, son suzerain, vis-à-vis duquel il manifeste une réelle loyauté. Un Vendredi Saint, il rencontre un groupe de 3 chevaliers et de dames, ayant abandonné leurs armes et vêtus de chemises de lin. Perceval s'étonne de leur tenue, et les chevaliers l'instruisent des devoirs d'un Chrétien en ce jour de commémoration de la mort du Christ. Perceval se rend compte de ses péchés et reçoit l'adresse d'un Ermite susceptible de lui donner la confession, préalable à l'Eucharistie.

12. Perceval se rend au domicile de l'Ermite, se confesse, assiste à l'office et reçoit l'hostie.
L'Ermite lui enseigne la signification Eucharistique de la procession du Graal, et lui apprend que son père et lui-même Perceval le Gallois sont de la lignée des gardiens du Graal. Ils sont donc les descendants de Joseph d'Arimathie bien que ce nom ne soit pas prononcé. Enfin, il lui enseigne une oraison « secrète » destinée à le protéger pendant la suite de sa quête.

C'est ici que se termine le roman du Graal de Chrétien de Troyes.

Comme vous l'avez constaté, l'auteur nous a fait cheminer par douze points successifs, et le texte s'est arrêté avant que le treizième, celui qui permet sur un cercle de revenir au point de départ, ne soit atteint. Cette omission peut être fortuite, l'auteur ayant disparu avant de finir son œuvre. Elle peut être aussi volontaire, car la logique du texte est telle, que le treizième point ne peut être autre chose que le retour au château du Graal et la fin de l'histoire. Cette fin imminente se vérifie aussi bien dans le parcours du dodécagone convexe (celui que nous venons de parcourir), que dans celui du dodécagone étoilé que nous aborderons plus loin.

Nous utiliserons donc les 12 points préparés pour effectuer notre analyse géométrique.

Il conviendra en premier lieu de les placer sur un cercle, comme nous le faisons pour indiquer les heures sur une pendule, ou les signes du zodiaque sur une représentation circulaire du ciel, ou encore comme le faisaient les Hébreux en disposant leurs douze tribus dans le campement.

Nous voyons à travers ces 12 points un adolescent devenir un homme d'armes, puis un héros courageux, et enfin un homme d'esprit prenant conscience de l'importance de son âme et de la nécessité de la pratique religieuse. Il s'agit donc d'une réelle démarche initiatique.

Il est donc temps de prendre une équerre et un compas et de tracer le cercle qui servira de support à notre observation. Plaçons-y les douze personnages clés de cette histoire.

Pendant ce travail, nous aurons l'occasion de passer en revue les symboles très nombreux qui se présentent sous une forme duodénaire. Les 12 travaux d'Hercule, les 12 batailles remportées par Arthur (citées dans l'*Historia Britonium* de Nennius au IXe siècle), les 12 apôtres, les 12 prophètes, les 12 signes du zodiaque, les 12 moines ou Cuidées qui furent nécessaires à St Bernard ou à St Patrick pour fonder leurs communautés religieuses, ou encore les douze compagnons de saint Brendan dans son voyage merveilleux.

Les personnages sont ici présentés dans l'ordre du texte, sur un cercle où le temps s'écoule dans le sens inverse des aiguilles d'une montre. C'est le sens adopté pour les représentations zodiacales. Nous verrons par la suite la correspondance des 12 signes avec les 12 personnages du parcours de Perceval.

Les points sont donc abordés successivement.

On décèle immédiatement deux parties distinctes dans le parcours de notre héros :

• La première partie va de la Dame Veuve à Blanchefleur. C'est celle de l'apprentissage. Perceval y apprend à quitter ses références (tuer le vieil homme selon les mots de saintt Paul), y découvre le monde (les femmes les ennemis) et y apprend le maniement des armes ainsi que l'amour physique. On repère sur le cercle ci-après, un axe vertical qui va des 5 Chevaliers (le modèle) à Gornemant (l'intégration au modèle).

• une deuxième partie, qui est plus spirituelle et qualitative. Perceval y découvre l'échec, la remise en question, et les exigences de l'âme. De la même façon, un axe vertical, ascendant cette fois-ci va du Roi pêcheur (modèle chrétien), à l'Ermite (intégration au modèle).

Remarquons toutefois que ces deux axes sont de sens opposés et correspondent aux concepts de Verticale et de Perpendiculaire. La verticale est une force descendante (gravitation) et la perpendiculaire est ascendante (Elle correspond à l'action de grâce dans une cérémonie). Nous avons donc bien deux mondes et deux chevaleries :

une **chevalerie terrestre**, qui est symbolisée par la verticale et la première partie du parcours,

une **chevalerie céleste**, où la perpendiculaire symbolise l'élévation vers Dieu des esprits.

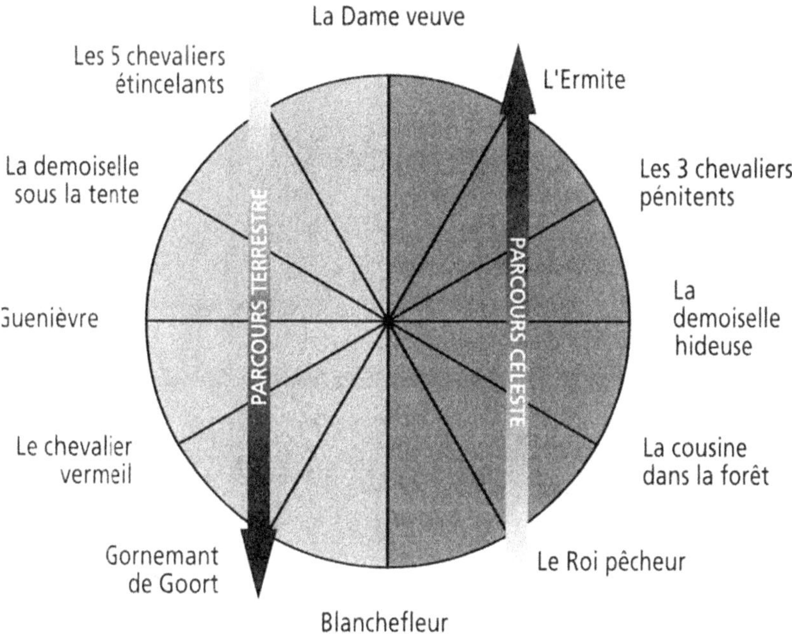
La Dame veuve
Les 5 chevaliers étincelants
L'Ermite
La demoiselle sous la tente
Les 3 chevaliers pénitents
PARCOURS TERRESTRE
PARCOURS CÉLESTE
Guenièvre
La demoiselle hideuse
Le chevalier vermeil
La cousine dans la forêt
Gornemant de Goort
Le Roi pêcheur
Blanchefleur

II

LES DOMAINES
D'ANALYSE GÉOMÉTRIQUE

Puisque nous sommes en présence d'un dodécagone, nous pourrons analyser successivement:
* les six diamètres   12 = 6 x 2
* les quatre triangles équilatéraux.   12 = 4 x 3
* les trois carrés   12 = 3 x 4
* les deux Hexagones   12 = 2 x 6

Il faut remarquer que le nombre douze a la particularité d'avoir pour diviseurs les nombres 1, 2, 3,
4, 6. Trois polygones réguliers peuvent être tracés
sur les sommets d'un dodécagone en utilisant un
compas et une équerre, comme le veut la tradition
opérative:

le triangle, le carré, et l'hexagone.

Ces polygones sont des polygones réguliers ce qui
signifie qu'on peut démontrer par la géométrie
Euclidienne que leurs côtés sont égaux et que les arcs
de cercles qu'ils soutendent le sont aussi. Or la mesure
exacte du cercle n'est pas abordable par l'homme

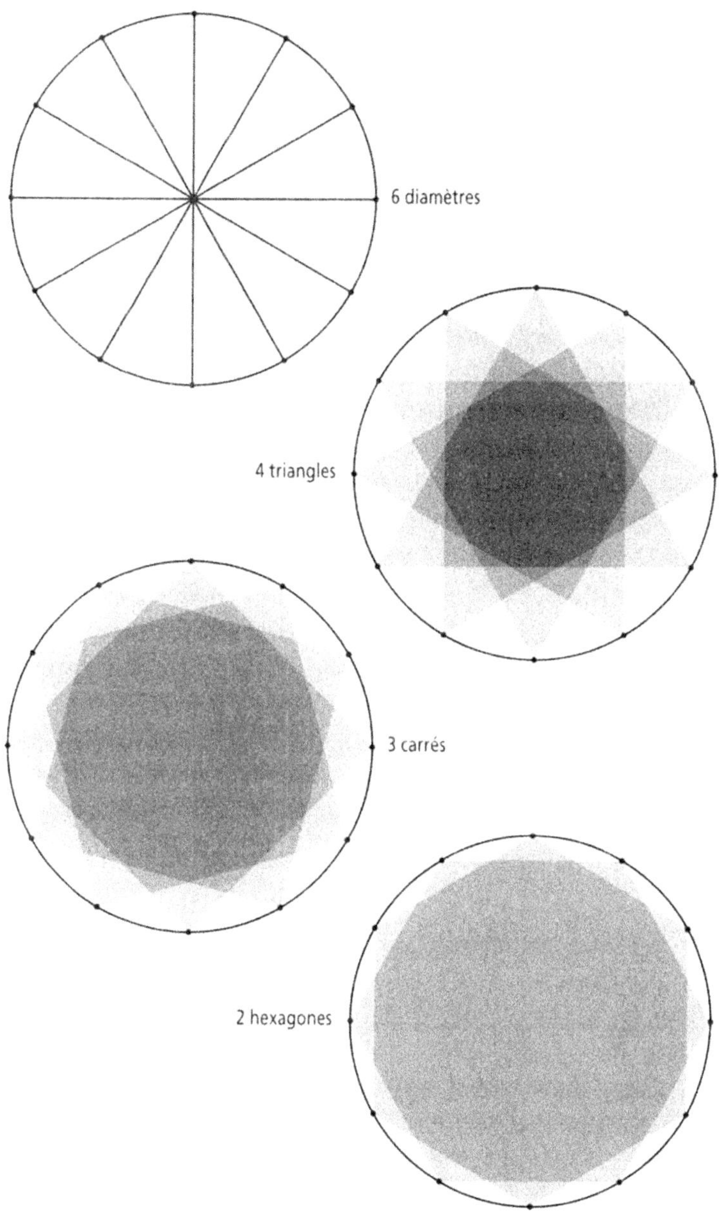
6 diamètres
4 triangles
3 carrés
2 hexagones

puisque le nombre Pi est incommensurable. Le tracé d'un polygone régulier est donc un moyen d'approcher la mesure réelle d'un cercle, en le divisant en arcs égaux. Mais seuls les polygones réguliers permettent cette approche. Ils sont au nombre de 22, de même que le nombre 360 a 22 diviseurs (en dehors de 1 et 2 qui ne délimitent pas de polygones).
Il y a donc 22 façons possibles d'approcher la réalité circulaire, et le dodécagone est l'une des plus efficaces, car avec peu de sommets, il permet de construire sur ses sommets trois autres types de polygones, donc trois types de raisonnement.

Nous touchons là au secret de cette méthode : chaque polygone correspond à une voie d'analyse d'un sujet. Par exemple, le carré permet des analyses de l'espace avec des points qui seront considérés comme simultanés. Les triangles relèvent de la succession temporelle, et permettent de classer des événements qui s'enchaînent dans le temps ou qui influent chronologiquement les uns sur les autres. Nous n'aurons pas à travailler sur des pentagones, ennéagones ou autres polygones plus complexes, mais là aussi chacun d'eux permet une approche particulière de la réalité circulaire.

Quant au cercle, retenons que la représentation circulaire d'un espace ou d'une durée est une habitude très ancienne et qu'elle correspond fort bien à la configuration mentale des hommes. On représente ainsi la terre par un cercle, le ciel, la journée de 24 heures en 2 fois douze.

Mais il est certain que la division de ce cercle en douze est arbitraire. Le ciel en effet n'est pas naturellement réparti en douze constellations. On aurait pu tout autant en choisir 20 ou 150 ! Si le nombre douze a été retenu c'est qu'il facilite le travail de l'esprit humain. Il est suffisamment peu élevé pour permettre une bonne mémorisation des éléments. Il est divisible par suffisamment de facteurs numériques, pour être décomposé en analyses différentes.

Le cercle est ainsi la représentation théorique d'une réalité dont la connaissance par l'homme ne sera jamais complète. Une prise de contact partielle avec cette réalité est envisageable, et les polygones sont le guide opératoire pour y parvenir. Mais l'humilité métaphysique commande de ne pas espérer de comprendre un jour la totalité des points qui composent ce cercle. Ils sont en nombre infini et seul Dieu peut en saisir la totalité. De même le périmètre du cercle ne peut qu'être approché au moyen du nombre Pi.

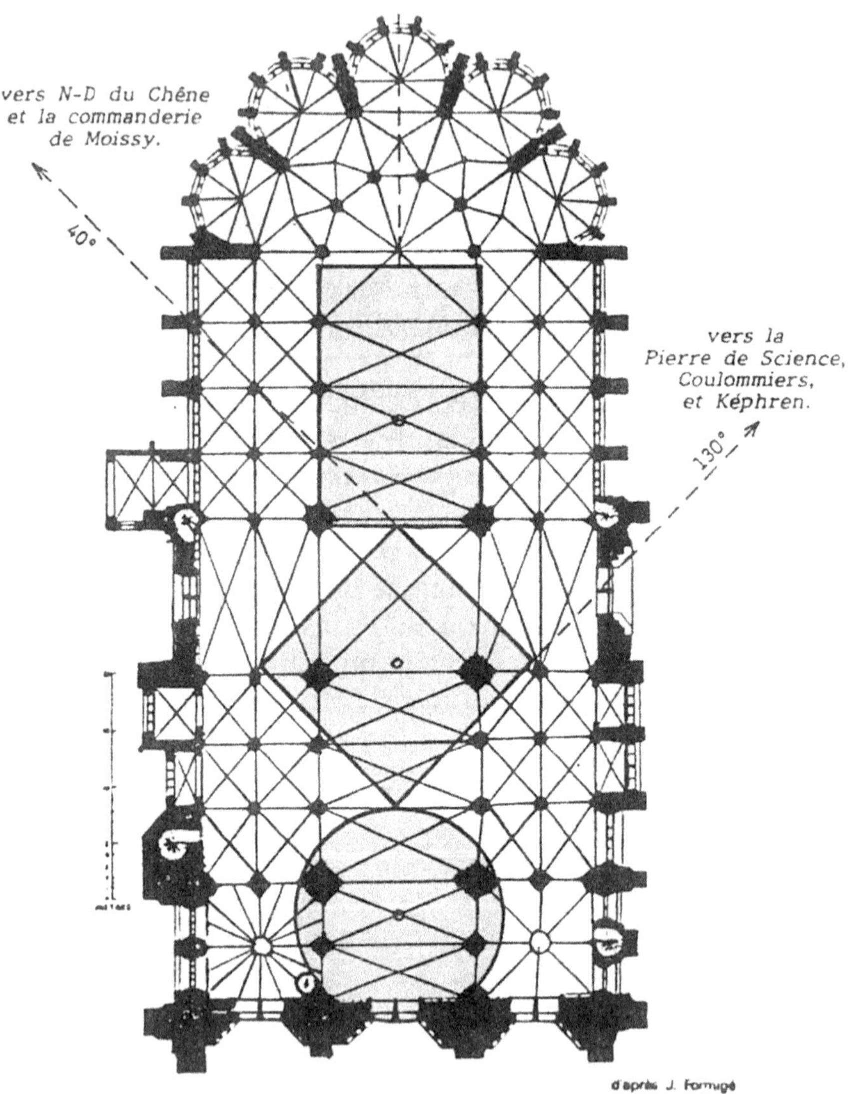

*Les 3 tables qui ont porté le Graal : ronde, carrée et rectangulaire
et leur application à l'architecture de la cathédrale de Meaux.
Source : Robert Graffin, L'Art templier des cathédrales.*

2ᵉ PARTIE

L'analyse des figures géométriques

*« La poésie est l'expression par le langage humain,
ramené à son rythme essentiel,
du sens mystérieux des aspects de l'existence.
Elle « doue » d'authenticité notre séjour
et constitue la seule tâche spirituelle. »*

Stéphane MALLARMÉ.
La Vogue, 18 avril 1886.

I

LES DIAMÈTRES

Les douze points que nous avons placés sur le cercle sont répartis selon la construction du dodécagone. Ils sont inscrits à intervalle régulier (un demi-rayon du cercle) et peuvent être joints deux par deux au moyen d'une droite passant par le centre. Cette droite, appelée diamètre, permet comme sa racine grecque l'indique, de mesurer ce qui est séparé.

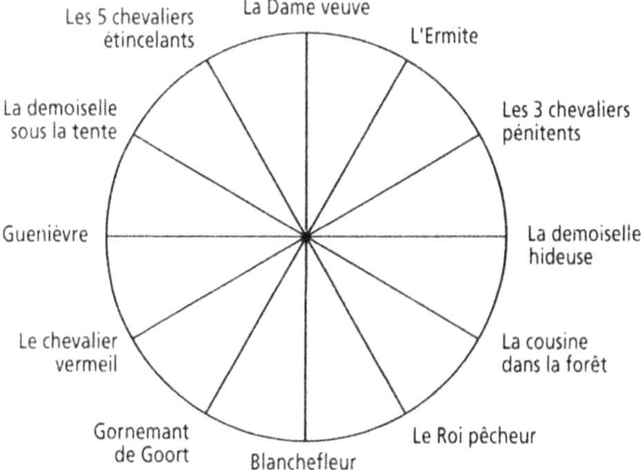

La particularité du diamètre en analyse géométrique est de présenter une situation d'équilibre entre des contraires. Nous allons donc voir si nos douze points s'équilibrent 2 par 2.

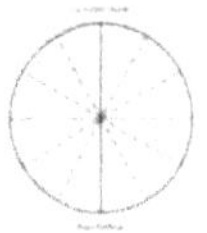

Diamètre 1
Dame Veuve ➡ Blanchefleur

C'est l'axe fondamental du parcours de Perceval, de même que la religion chrétienne a pour axe fondamental un diamètre qui relie les Poissons à la Vierge[21]. Il équilibre d'une part la mère, et d'autre part la femme aimée. C'est le noir de la Veuve et le blanc de la mariée.

Point commun : la force d'amour développée (charnel ou protecteur).

Cet axe nous montre que le « conte du Graal » traite du rôle de la femme dans le processus initiatique du chevalier.

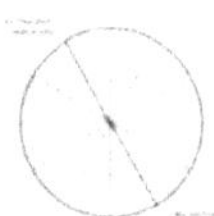

Diamètre 2
5 Chevaliers ➡ Roi Pêcheur

Il équilibre la situation de pleine puissance (5 chevaliers) et la décadence (Roi Pêcheur).

Point commun : tous ces hommes sont néanmoins des chevaliers, y compris le Roi. Après les vertus féminines, nous accédons aux situations masculines. Les 5 chevaliers sont un modèle de force de beauté de sagesse et de courtoisie. À l'opposé, le Roi-pêcheur symbolise la décrépitude complète de celui qui ne peut plus défendre lui-même son bon droit.

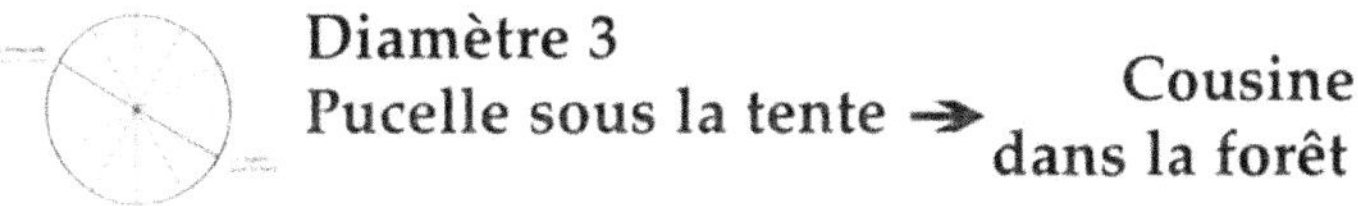

Diamètre 3
Pucelle sous la tente ➡ **Cousine dans la forêt**

Il équilibre deux facettes de la relation courtoise du chevalier et des dames :
à la première il prend un baiser et un anneau, de la seconde il reçoit l'explication de son infortune et la révélation de son Nom. La promesse faite à la pucelle sous la tente sera tenue par Perceval à l'épisode de la cousine, juste en face sur le cercle.

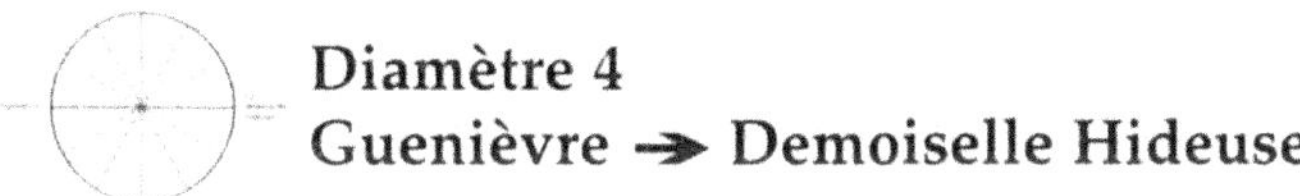

Diamètre 4
Guenièvre ➡ **Demoiselle Hideuse**

Il équilibre deux formes de suzeraineté : la suzeraineté temporelle et la spirituelle.
Il oppose encore une dame blanche (Guenièvre est Gwenny Fair) et une dame noire
(La demoiselle Hideuse personnifie l'univers des sorcières et de l'inconscient).
À l'une il donne (il rend à Guenièvre sa coupe volée), et de l'autre il reçoit (c'est la demoiselle hideuse qui le remet sur le chemin de sa quête). Là aussi Perceval s'exécute de la promesse qu'il a faite à la Pucelle-qui-rit, lors de l'épisode Guenièvre. Nous sommes confrontés à deux personnages essentiels de l'imaginaire médiéval ; la reine et la sorcière.

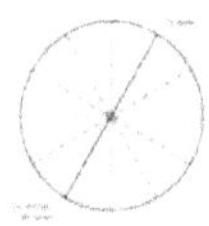 **Diamètre 5
Chevalier Vermeil** → **3 Chevaliers
pénitents.**

Il équilibre le bien et le mal, la force et le dénuement, la justice et l'iniquité.
Point commun: tous sont des chevaliers, mais dotés de motivations très différentes.
Ce diamètre traduit un objectif fondamental de l'œuvre de Chrétien de Troyes, qui est de concourir au retour des chevaliers dans le monde des valeurs chrétiennes.

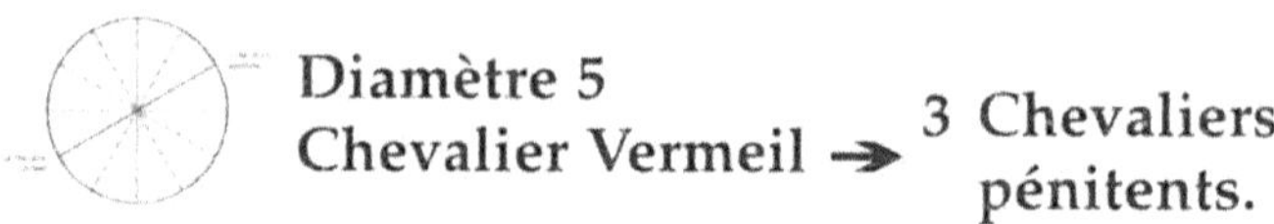 **Diamètre 6
Gornemant** → **Ermite.**

Il équilibre la formation physique et la formation spirituelle. Le corps et l'esprit.
Il est le témoin du complément (et non de l'antinomie) qui existe entre la chevalerie terrestre et céleste. Point commun des deux hommes: ce sont des enseignants.

Ainsi, nos 12 points correspondent bien à 6 équilibres fondamentaux. C'est le premier indice de l'exactitude de notre analyse et du caractère géométrique de ce scénario. Nous allons désormais poursuivre dans cette voie et dans des figures plus complexes.

II

LES CARDINALITÉS, LE GRAAL ET L'ESPACE

L'étude des cardinalités conduit à l'observation des trois carrés qui se construisent dans le dodécagone. Pour chaque carré, on relie les quatre points par deux diamètres perpendiculaires.
Ils sont dits « cardinaux » parce qu'ils donnent un sens, une direction de lecture.

Puisqu'il y a trois carrés, on peut en conclure qu'il existe trois sens de – lecture, ou – pour employer le jargon du marketing – trois messages concernant trois cibles différentes.

Toutes les constructions effectuées sur 12 points offrent nécessairement ces trois sens de lecture.

Notre texte étudié traite du Graal, et le Graal est un symbole féminin de fécondité (cf. Emma Jung et M.-L. von Frantz *La légende du Graal*, chap. VI). Pour cette raison, notre première cardinalité sera donc féminine et contiendra le point de départ de l'histoire :
la relation de Perceval et de sa mère, la dame Veuve.

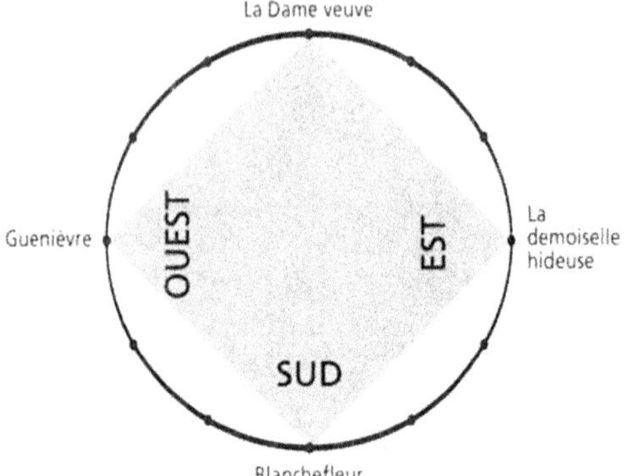

La Dame veuve
Guenièvre
OUEST
EST
La demoiselle hideuse
SUD
Blanchefleur

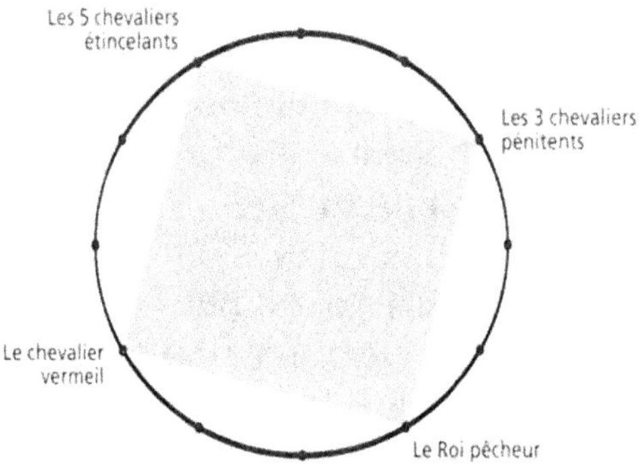

Les 5 chevaliers étincelants
Les 3 chevaliers pénitents
Le chevalier vermeil
Le Roi pêcheur

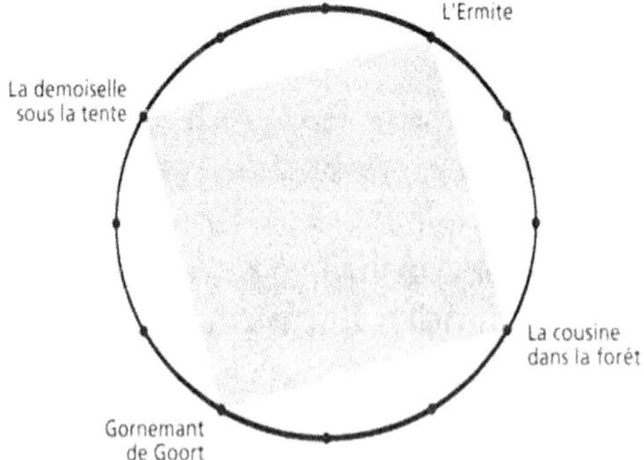

L'Ermite
La demoiselle sous la tente
La cousine dans la forêt
Gornemant de Goort

> *« Puisque la Toute-Beauté, cette résultante,*
> *s'est évanouie du monde sensible, et que parmi nous grouillent*
> *çà et là ses composantes, le problème à résoudre est :*
> *quelles sont les forces à marier pour inventer la Toute-Beauté ?*
> *L'Univers figurant une catastrophe d'idées,*
> *comment le réordonner pour ériger leur Idée, leur synthèse ?*

Saint-Pol-Roux,
Enquête Huret

Section I
Cardinalité des quatre dames

C'est la cardinalité majeure, dominante de l'œuvre *Perceval ou li conte del Graal*.

Le premier point est déterminé par le premier personnage clé : La dame Veuve, mère de Perceval. Les trois autres points sont obtenus en traçant deux diamètres perpendiculaires. Nous obtenons ainsi quatre personnages qui sont tous féminins.

On constatera immédiatement qu'il existe dans ce carré deux dames blanches et deux noires. Les dames blanches sont Guenièvre et Blanchefleur, et leur nom intègre le mot « blanc » en Français ou en Gallois. Les dames noires sont la Dame Veuve et la Demoiselle Hideuse.

Compte tenu de l'époque où est rédigé ce texte, un rapprochement avec la symbolique Mariale s'impose. Vierge blanche ou vierge noire, les deux symboles colorés de la mère du Christ cohabitent dans nos églises. Mère triomphante du Christ, vêtue de blanc, ou veuve Isiaque dont le voile noir protège les secrets.

Cette cardinalité possède donc les signes de l'exotérisme. L'alternance du noir et du blanc rappelle le pavement « Mosaïque » de nos églises, lui-même associé à l'aspect dualiste de notre monde. C'est en effet le premier stade, simpliste, de la connaissance du monde, que de trier en deux les phénomènes observés. Il y a la vérité et l'erreur, les bons et les méchants, les croyants et les infidèles. Mais cette vision du monde est trop simple pour être pertinente. La réalité est en fait plus compliquée que cette représentation dualiste. C'est pourquoi nous qualifierons cette cardinalité de « profane ». Elle permet à Chrétien de Troyes de présenter les valeurs de base de l'amour courtois et de la morale chevaleresque.

L'axe vertical coupe (nous l'avons vu) le récit en deux parties : la chevalerie terrestre et la chevalerie céleste empreinte de mysticisme et de merveilleux.

On peut appliquer à cette structure les **quatre vertus** « cardinales » dont parle saint Bernard[22] :

La Prudence correspond aux 3 personnages du Nord (Chevaliers étincelants, Veuve, Ermite).

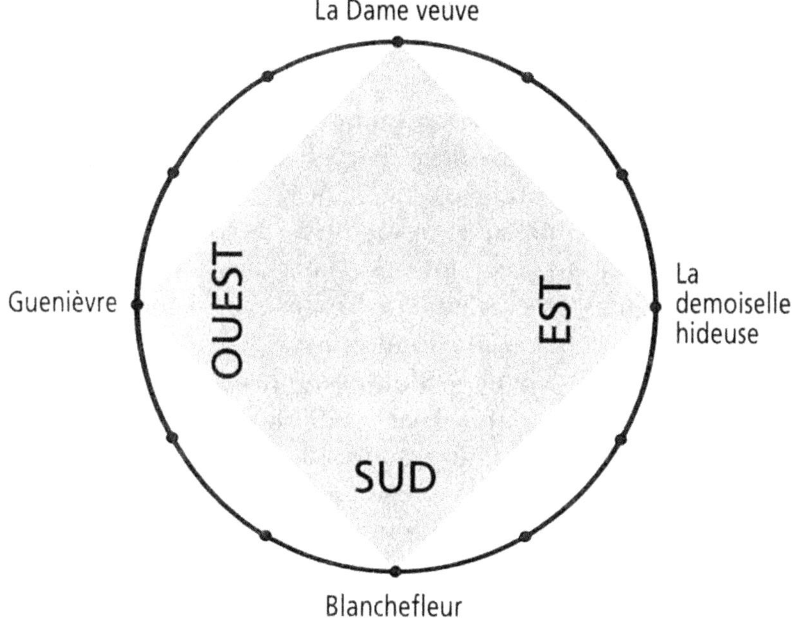

La Justice est rendue dans les épisodes de l'Ouest ou Perceval vengera la Pucelle sous la tente, et la Reine Guenièvre par le meurtre du Chevalier Vermeil.

La Force, complément naturel de la justice se révèle dans les épisodes du Sud où
Perceval exerce sa vigueur de combattant (Gornemant), d'homme (Blanchefleur) et résiste à la curiosité (Roi Pêcheur).

La Tempérance enfin lui rappelle à l'Est la nécessité de l'humilité et du repentir.

Nous relèverons de plus, que le diamètre horizontal pourrait tout aussi bien mettre en scène les personnages d'Arthur et de Merlin. Mais dans l'œuvre de Chrétien de Troyes, le couple de personnages : Roi – Prophète, est remplacé par un tandem Reine – Sorcière, mieux adapté à la féminité du Graal.

On doit également rappeler que le personnage d'Arthur est en constante dévalorisation au fil des cinq romans que Chrétien de Troyes a consacrés à la geste Arthurienne. Cette remarque est due à la perspicacité de Sylvie Rutard (mémoire sur la relation « Père-fils » chez Chrétien de Troyes, UER de lettres Orléans La Source 1979). La noble assurance que le Roi charismatique Arthur manifeste dans « Érec et Énide » ainsi que dans « Cligès » commence à se dissiper dans « Le Chevalier au Lion », et l'on voit sa cour traversée par les rumeurs et les murmures. Puis, dans « Yvain » et « Le Chevalier à la charrette », le comportement d'Arthur se détériore encore, et son incapacité de réagir devant Méléagant préfigure sa passivité devant le Chevalier Vermeil. Le « Conte du Graai » est la confirmation de ce déclin. Nous en obtenons une autre preuve en constatant qu'à partir du roman « Yvain », Arthur ne réalise plus aucun adoubement. Sachant qu'une tradition essentielle voulait que « seul un chevalier puisse faire un chevalier », Arthur renonce à ce rite qui ne peut être accompli que par un chevalier doté de toutes ses capacités viriles.

D'autres raisons peuvent encore expliquer la présence d'un couple féminin Reine-Sorcière. C'est en effet la femme qui joue le rôle essentiel de déclencheur du destin chevaleresque. Il ne s'agit pas seulement de la femme que le chevalier souhaite posséder – ce qui serait impossible dans notre cardinalité où figurent la mère et la suzeraine de Perceval – mais plutôt de celle qui à pour mission de conduire le héros aux limites de son aventure. La limite extrême est symbolisée par l'exemple de Prométhée.

La femme cardinale de notre mythe ouvre le chemin qui mène le héros vers la connaissance. Ce symbole féminin de la « Sophia » gnostique avait disparu du référentiel littéraire. Il laissait place à une approche plus masculine et biblique de la révélation, due à l'intervention directe de la divinité. La spiritualité proposée ici est à l'image lunaire du principe féminin. La lumière transmise par la Lune ne provient pas d'elle-même mais d'une transmission déléguée. La Lune n'est que son révélateur, ce qui nous fait rejoindre le symbolisme des deux Jean du Nouveau Testament, Jean l'Évangéliste qui rendit témoignage **de la lumière**, et Jean le Baptiste qui rendit témoignage **à la lumière**. Ces deux dimensions sont explicitement décrites dans l'Évangile de Jean, dès le premier chapitre[23].

L'apport de cette nouvelle lumière par la femme relève d'une très ancienne tradition que nous pouvons retrouver dans le mythe Égyptien d'Isis et Osiris.[24] Le symbolisme alternatif des dames blanche et noire sur chaque diagonale du carré confirme cette vocation féminine à guider le héros vers la lumière. Perceval aura toujours sur sa route une Ariane qui lui donnera le « fil » de l'histoire.

Enfin, il me paraît important de nous arrêter quelques instants sur le sens symbolique de ces dames blanches qui jalonnent le parcours de Perceval. Le Byzantin Suidas, cité par Robert Graves dans son ouvrage sur « la déesse blanche »[25], nous rappelle que la vache Io revêtit successivement les trois couleurs Blanche, Rouge, Noire, correspondant aux phases de la Lune, blanche pour la nouvelle (naissance et germination), rouge pour la pleine lune (amour et combat), et Noire pour la vieille lune (mort et divination). C'est la déesse Io qui nourrit Dyonisos, le Dieu Grec qui endura la mort comme notre Christ.

Ces trois couleurs sont omniprésentes dans le texte de Chrétien de Troyes. Perceval passe par le stade blanc (Gwennyfair, Blanchefleur, Gornemant vêtu d'hermine), par le stade Rouge (Prise des armes rouges du chevalier Vermeil) et enfin par le noir (demoiselle hideuse et Ermite). Avant qu'il n'entame son œuvre au noir, se situe l'épisode des trois gouttes de sang sur la neige qui plongent Perceval dans une longue réflexion, et lui rappellent son parcours jusqu'à Blanchefleur (épisode aux vers 4116 et suivants).

Le Cantique des Cantiques reprend cette distinction au V- 10 - 11 : « *Mon bien-aimé est blanc et rouge, un étendard entre dix mille* », et « *ses boucles flottent, noires comme le corbeau* »[26] ainsi que dans des développements relatifs au Lys et à la Rose, fleurs symboliques largement utilisées dans la littérature médiévale.

Il est à noter que la Grande-Bretagne est appelée
« Albion » comme la ville d'Albe (la blanche). À
mettre en relation avec le Latin Albus = blanc. Une
autre étrangeté veut que les Latins adoraient une
déesse blanche sous le nom de Cardea ce qui nous
ramène au mot Cardo (le gond, la charnière) et à
l'analyse des cardinalités ! Cette Cardea était la
maîtresse du Dieu Janus, à deux faces, qui ressemble
tant à nos deux saint Jean…
D'autres mots comme Leuco ou Argos ont en grec
la signification de Blanc[27]. Albina, la déesse blanche
était l'aînée des Danaïdes. On retrouve cette racine
dans de nombreux mots comme Elbe, Elfe, Alphée.

Cette apparition dans l'œuvre de Chrétien de Troyes
correspond aussi à la montée en puissance du culte
Marial en Occident Chrétien. Ces cathédrales que
l'auteur voit construire sont presque toutes dédiées
à la Vierge, cette Vierge dont les statues sont blanches ou noires comme l'a remarqué Fulcanelli (Le
mystère des Cathédrales, Pauvert).

Et pour terminer, il serait difficile de ne pas établir
une corrélation entre la « suzeraine » Gwennyfair, et
la reine Aliénor d'Aquitaine qui est à cette époque
Reine d'Albion-la-blanche, après avoir été celle du
royaume de France. Née en 1120, elle régna sur
l'Angleterre jusqu'en 1204, et sa personnalité se situe
à la confluence du développement de la chevalerie
et de l'amour courtois[28].

« *Triste race, qui te disperseras sur cette Terre*
de crépuscules et de prières !
Le souvenir du Paradis perdu viendra désoler tes extases,
du Paradis que tu recherchas partout,
dont viendront te reparler des prophètes et des poètes,
que voici qui recueilleront pieusement
les feuillets déchirés du Livre immémorial
où se lisait la Vérité qu'il faut connaître. »

André GIDE
Six Traités, Gallimard, 1912.

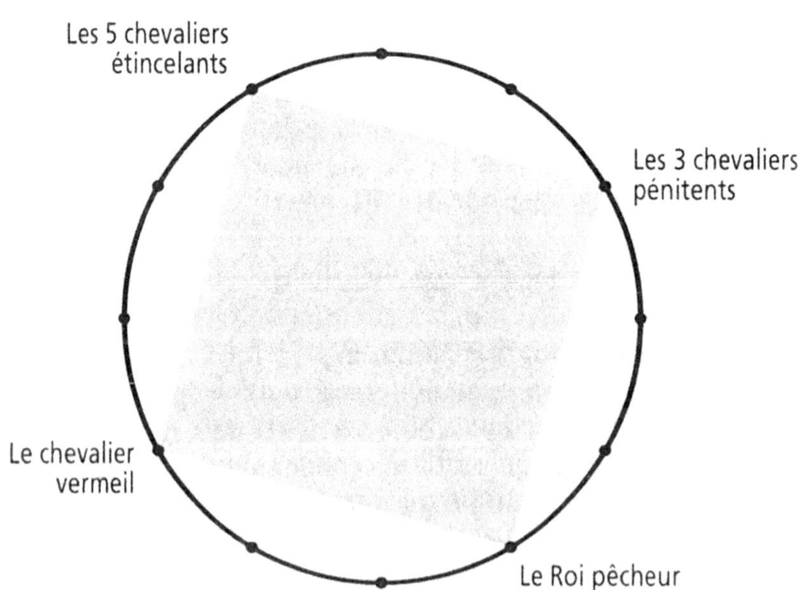

Section II
Cardinalité chevaleresque

Le deuxième carré de notre dodécagone comprend les quatre points suivants :

• les **5 chevaliers** « étincelants » que Perceval rencontre dans sa forêt natale,
• le **Chevalier Vermeil** qu'il tue avec ses javelots et dont il s'empare des armes,
• le **Roi Pêcheur**, issu d'une noble lignée, chevalier du Graal déchu et blessé,
• les **3 chevaliers** pénitents, sans armes et vêtus de lin blanc.

Cette cardinalité constitue un stade intermédiaire entre le monde profane et le stade ultime où règne l'esprit. Elle s'adresse à une élite que constitue la chevalerie, et dont il est difficile de définir le caractère profane ou initiatique, tant les chevaliers sont différents. Et c'est sur cette différence que l'auteur va insister.

Les deux axes ont chacun un point dans la partie « terrestre » et un point dans la partie « céleste » du parcours de notre héros.

• les 5 chevaliers brillants et démonstratifs du début, et le chevalier Vermeil sont liés au monde concret.

• le Roi Pêcheur et les 3 chevaliers pénitents sont investis dans des préoccupations spirituelles et chrétiennes en particulier.

Une autre précision nous signale que sur chaque axe s'équilibrent des principes opposés :

• Sur le premier axe, celui des modèles à suivre, nous avons l'image de la grandeur (5 chevaliers étincelants) et de la décadence apparente (Roi Pêcheur). Il faut noter que, dans cette acception, la grandeur est un phénomène lié au monde de la matière, ce qui traduit sa futilité[29], alors que la décadence apparente est du ressort du ciel, ce qui traduit la probabilité d'une rédemption.

• Sur le deuxième axe (Chevalier Vermeil – Chevaliers pénitents) l'opposition est claire entre le bien et le mal. La concordance est parfaite avec celle de la chevalerie terrestre et de la chevalerie céleste. Chrétien nous rappelle que le péché, s'il est suivi d'un repentir sincère, peut faire l'objet du pardon des fautes. L'âme revient alors à son état primitif de sérénité.

Dans cette approche, Chrétien de Troyes est le continuateur de saint Bernard et de son exhortation à la moralisation de la chevalerie, parue dans le « de laude novae militiae ». Ce texte, rédigé en 1130 environ et destiné à l'ordre du Temple, précède de cinquante ans le Perceval de Chrétien de Troyes. Son objectif était sans doute de drainer des candidatures à l'aube de la deuxième croisade, celle que Bemard prêcha à Vézelay. Mais l'analyse sur laquelle il se fonde, conserve toute son acuité cinquante ans après.

> *« Combien étrange n'est donc point votre erreur,*
> *ou plutôt quelle n'est pas votre insupportable fureur,*
> *ô soldats du siècle, de faire la guerre avec tant de peine et de frais,*
> *pour n'en être payé que par la mort ou par le péché ?*
> *Vous chargez vos chevaux de housses de soie,*
> *vous recouvrez vos cuirasses de je ne sais combien de morceaux*
> *d'étoffe qui retombent de tous côtés ; vous peignez vos haches,*
> *vos boucliers et vos selles ; vous prodiguez l'or, l'argent*
> *et les pierreries, sur vos mors et vos éperons,*
> *et vous volez à la mort dans ce pompeux appareil,*
> *avec une impudente et honteuse fureur.*
> *Sont-ce là les insignes de l'état militaire,*
> *ne sont-ce pas plutôt des ornements*
> *qui conviennent à des femmes ? »*

Saint Bernard, *De Laude*[30], chapitre II.

Retable de la Cathédrale Saint Sauveur à Aix-en-Provence, 1470.
Sont représentés : Marie,
sainte Anne (derrière la Vierge),
le Christ enfant,
saint Maurice en Chevalier
et sainte Marthe ayant dompté la Tarasque.

Deux puissances sont décrites sur cette scène :
La puissance des femmes, capables de terrasser les monstres par un
simple ruban. Marthe est le féminin du dieu Mars, rappelle E. Canseliet
dans son ouvrage « Alchimie » (Pauvert éditeur) p. 145. La puissance
virile de saint Maurice, symbolisée par sa « livrée » décorée des « rais
d'escarboucle », comme les chevaliers Gémeaux de la cathédrale de
Chartres (voir page 96). Les Rais d'Escarboucle figurent l'énergie
rayonnante qui part du centre vers la périphérie. Quant à saint Maurice,
l'église de Lille qui lui est dédiée, illustre parfaitement la relation
intime entre la Chevalerie et la Tradition ésotérique.

La pensée de saint Bernard est, elle aussi, profondément marquée par cette méthode de structuration géométrique que nous relevons chez Chrétien de Troyes. Les représentations triangulaires et cardinales constituent l'ossature du discours de l'Abbé de Clairvaux. Ainsi, dans l'édition des « Sermons Divers », qui comprend près de 130 textes[31], on peut relever dans les 30 derniers sermons un foisonnement de symboles cardinaux :

Sermon	96	Les quatre sources du Sauveur
Sermon	98	La pierre Quadrangulaire
Sermon	99	Les 4 genres d'hommes à posséder le royaume de Dieu.
Sermon	101	Les 4 formes de l'Amour
Sermon	103	Les 4 étapes du cheminement des élus
Sermon	104	Les 4 obstacles à la confession
Sermon	107	Les 4 manières de prier Dieu
Sermon	112	Les 4 états de la conscience
Sermon	117	Les 4 sources du Paradis spirituel
Sermon	124	Les 4 degrés de la volonté bonne.

Des structures quaternaires de ce type figurent aussi dans les Sermons 13, 22, 25, 50, 88. Les structures ternaires sont encore plus nombreuses, et à l'opposé, celle par cinq six ou sept sont beaucoup plus rares. Nous avons donc une preuve de l'utilisation de cette méthode de structuration géométrique, à l'époque même où notre texte est rédigé. Mais déjà, elle était utilisée au VIIIe siècle, et le texte *De Laudibus Sanctae Crucis* de Raban Maur en constitue une autre preuve[32].

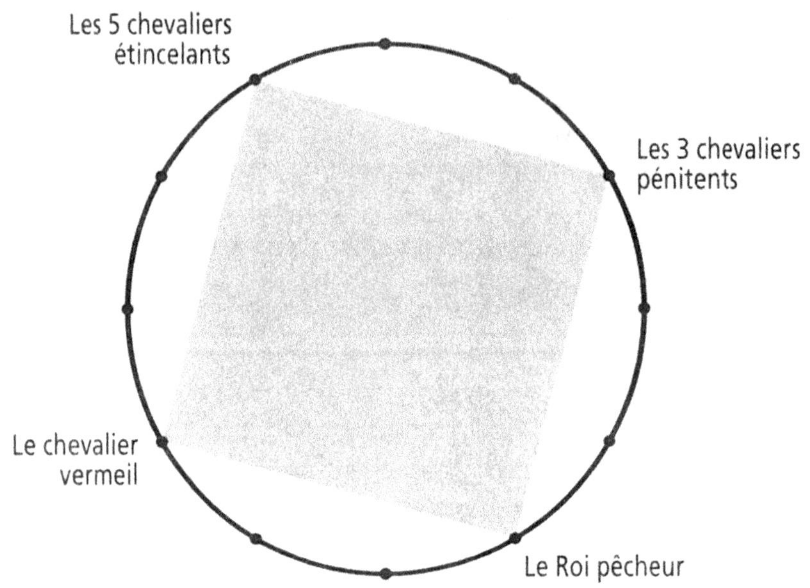

Cette cardinalité traduisant le chemin de l'élévation spirituelle, trouve aussi ses sources dans les textes bibliques eux-mêmes. Deux citations me paraissent, à cet égard, significatives :

Proverbes de Salomon chapitre XXV paraboles 2,4 :
« La gloire de Dieu est de cacher sa parole sous des voiles, et la gloire des Rois de la découvrir. Otez de l'argent les scories et il en sortira un vase très pur pour le fondeur ».

Première épître de Jean Chapitre II verset 14 :
« Je vous écris, jeunes gens, parce que vous êtes forts, que la parole de Dieu demeure en vous et que vous avez vaincu le malin esprit. N'aimez ni le monde, ni rien de ce qui est dans le monde ».

Dans ces deux citations sont tracées toutes les fonctions de la chevalerie. La première est de nature royale, c'est de découvrir le sens caché des choses. La seconde, de nature sociale, est de mettre sa force au service du monde, tout en vivant en marge de celui-ci.

Dernière observation sur cette cardinalité chevaleresque : Le texte de Chrétien de Troyes nous présente 12 chevaliers principaux, dont 10 figurent sur cette cardinalité des chevaliers. Les 5 chevaliers « étincelants », Arthur, le chevalier Vermeil, Gornemant, le Roi pêcheur, et les 3 chevaliers pénitents. Il faut la rencontre de ces 12 éléments, pour que le treizième puisse remplir sa mission. Parmi ces 12, le Roi Pêcheur est la victime expiatoire, qui doit sauver la chevalerie d'un destin purement terrestre, en lui restituant sa pureté originelle. Il faut que ce mystère soit intense pour éclairer les hommes. Le martyre du Roi « méhaigné » est nécessaire à cette loi de transmission, comme le souligne A. Grad dans son *Meurtre fondamental* (éd. Lefeuvre). Ce martyr dure depuis 12 ans comme l'explique l'Ermite à Perceval (vers 6355). C'est ainsi la souffrance du juste qui va racheter les fautes de la masse des chevaliers. Le roman du Graal nous entraîne ainsi vers une métaphysique du bien et du mal. En ces temps où la fin du monde ne paraît plus imminente, les hommes commencent à se préoccuper de leur présence durable sur cette terre. Ils ont alors besoin de décliner le dogme chrétien en règles de morale utilisables au quotidien. Et ceci les confronte à la question du bien et du mal, dans la vie de chaque jour. Le roman de Chrétien de Troyes témoigne de cette irruption, dans une des composantes de la société de son époque : la chevalerie.

> « *Toute chose sacrée qui veut demeurer sacrée*
> *s'enveloppe de mystère* »
>
> Stéphane Mallarmé
> *L'artiste.*

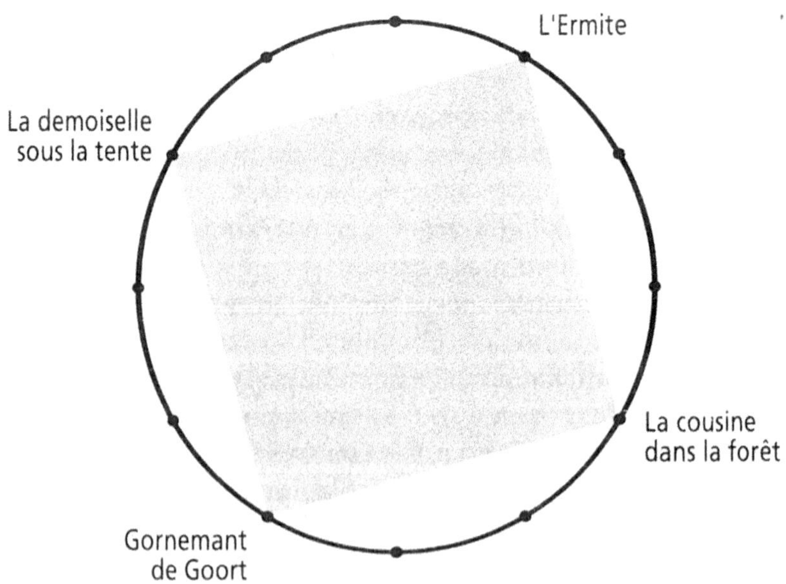

La troisième cardinalité, les quatre étapes de l'initiation

Section III
Troisième cardinalité :
2 femmes, 2 hommes, le parcours initiatique.

Dans la première cardinalité, le caractère féminin dominait exclusivement. Dans la deuxième, toute masculine, nous avons détaillé le concept de chevalerie spirituelle et terrestre. Nous abordons maintenant une cardinalité mixte qui met en scène 2 femmes et 2 hommes. Elle traite des moments clés du parcours de notre héros.

Cette cardinalité comprend deux axes.

Un axe féminin qui montre deux personnages dont le rôle paraît secondaire :
la **pucelle sous la tente** et la **cousine dans la forêt**. Leur action est déterminante dans la prise de conscience de Perceval. Chrétien de Troyes veut montrer ainsi que les femmes essentielles ne sont ni la mère (Dame veuve) ni l'épouse (Blanchefleur), dont le rôle n'est que « biologique », ni encore la Reine (Guenièvre) ou la sorcière (Demoiselle hideuse) dont le rôle n'est que social. Les femmes clés sont celles qui celles qui amènent le héros à découvrir sa réalité psychologique, dans le droit fil de l'enseignement Socratique (connais-toi toi-même). La Pucelle sous

la tente constitue pour Perceval la découverte du non-moi, et préfigure les travaux de Lacan sur le stade du miroir. Séduisante (Perceval lui vole un baiser), elle est la colonne « B » du Temple (Beauté Féminité Passivité). Son destin sera de retrouver Perceval plus loin dans le texte, et curieusement dans l'espace dévolu à l'épisode de la cousine, c'est-à-dire juste en face sur notre cercle. Les deux personnages sont ainsi liés entre eux. Le dénouement de la deuxième rencontre amènera Perceval à défaire l'Orgueilleux de la Lande et donc à libérer la pucelle de la jalousie violente d'un compagnon indigne, ignorant tout des arcanes de l'amour courtois. La Cousine dans la forêt est celle qui guide notre héros vers la découverte de son moi profond.

C'est dans cette phase d'apparente stérilité que va germer la force active et l'énergie de notre jeune chevalier (colonne « J » du Temple : Force, Masculinité, Activité). Le témoignage de cette germination réussie, est la remise du nom. Jusqu'à cet épisode, Perceval ignorait son nom. Plus qu'un nom de baptême, il s'agit d'un pseudonyme que la cousine lui attribue, dans la tradition des compagnons, des religieuses, des scouts, par exemple.

Un axe masculin, vertical, qui relie **Gornemant** à l'**Ermite**, c'est-à-dire l'art de la guerre à la Foi contemplative. Cette dualité (soldat des hommes et soldat de Dieu) est typiquement Templière, et dans le pur esprit du « de Laude » de saint Bernard. L'axe féminin qui équilibre cette double nature, montre que le chevalier doit être dans le siècle (Pucelle) mais néanmoins hors du péché (cousine). Peut-être est-ce en raison de cette dualité que le symbole choisi par le Temple pour l'un de ses sceaux fut celui de deux hommes sur un cheval. Cette pratique équestre étant nommément interdite dans la règle de France[33] est donc une allégorie. Et elle ressemble à la représentation du signe des Gémeaux, ce qui nous amènera plus loin à des commentaires particuliers. S'ouvrir aux douleurs des autres et connaître ses propres faiblesses sont les dimensions de cette sagesse nouvelle proposée aux contemporains de Chrétien de Troyes. Elle est fidèle à la doctrine chrétienne et aux enseignements de l'Évangile. Rien d'étonnant dès lors, que l'autre axe (Pucelle-Cousine) soit, dans l'ordre du zodiaque, attribué au diamètre Poisson-Vierge, qui est l'axe de la religion du Christ.

Sans doute la Cousine de Perceval lui délivre-t-elle un message chrétien, qui lui annonce que le royaume du Graal est plus près de lui que sa main… Il ne reste donc à Perceval que d'acquérir les vertus templières pour atteindre son but et réussir sa quête. À ce stade, et avant d'entamer les analyses de triangulations, quelques observations zodiacales vont éclairer notre recherche.

SYNTHÈSE DES TROIS CARDINALITÉS

Perceval et les mystères d'Égypte

De chacun des trois carrés que nous venons d'examiner, nous retiendrons un personnage-clé. Pour le premier, il s'agira de la Dame Veuve. Ce sera le Roi Pêcheur dans le deuxième, et enfin pour le troisième : Gornemant, ce Gémeau de notre histoire, associé à Perceval. La disposition de ces personnages sur le cercle n'est pas « erratique » bien que curieuse. Elle correspond à l'analyse que nous développerons plus loin à propos du dodécagone étoilé. Nous ne nous étendrons donc pas, à ce stade, sur cette figure qui sera développée dans un chapitre spécifique. Nous nous concentrerons plutôt sur le symbolisme individuel de chacun des personnages.

La Dame Veuve ou la symbolique Isiaque

Personnage sombre portant le voile, la mère (veuve) de Perceval nous conduit à l'antique déesse Isis, veuve elle aussi du Dieu Osiris. C'est en effet par la symbolique du voile que le « ton » est donné au roman. Faute d'avoir reçu l'instruction nécessaire, Perceval est conduit à soulever un à un les voiles du mystère. Il est parfois trop tôt comme nous l'avons observé lors de la procession du Graal, où le héros refuse de poser la question libératrice. Cette démarche, très proche des méthodes de l'initiation, explique pourquoi les adeptes des sociétés dites « secrètes » s'attribuent entre eux le qualificatif « d'enfants de la Veuve ». La mère Isiaque ne lèvera aucun voile pour son fils. C'est à lui d'assurer ce travail par lui-même et de cheminer en parallèle sur la voie de la connaissance et du perfectionnement spirituel. La Dame Veuve, à la différence d'Isis, n'est pas une initiatrice. Elle est protectrice à la fois de son fils et des secrets qu'elle détient. Ce rôle de protectrice des secrets la relie à une autre déesse, Nemesis, que l'on représente fréquemment avec un doigt sur la bouche. Fille de l'Érèbe et de la Nuit, Nemesis est aussi chargée de punir les fautes, et en particulier celles qui ont été commises par les enfants à l'encontre de leurs parents[34]. Némésis, qui est en fait l'une des nombreuses représentations Isiaques, est ainsi au cœur du thème de la quête de Perceval. Car le premier personnage, la Dame Veuve, est celui à l'encontre duquel il commet une faute et le dernier, l'Ermite, celui qui lui enseignera « l'oraison secrète ». Comme la plupart des héros, Perceval est un enfant lointain de la Veuve Isis. Son père mort nous conduit à nous pencher sur le personnage central des mystères égyptiens : Osiris.

Le Roi Pêcheur ou la symbolique osirienne

Le Roi Pêcheur nous est décrit comme « méhaigné », c'est-à-dire blessé, mutilé. Il est voué à l'impuissance, nous dit Jean Frappier[35] et ressemble par conséquent à un souverain de l'ombre. Frappier relève l'opposition entre la stérilité du Roi et la fécondité du Graal. Le miracle veut en effet qu'à chaque passage du Graal dans la pièce, les victuailles se multiplient à la table des hôtes. Il y a donc dans cette image, la manifestation de l'opposition entre l'abondance et la disette, entre l'Hiver et le Printemps, la lumière et les ténèbres, le Noir et le Blanc. Le Roi Pêcheur nous dit Chrétien de Troyes, a été blessé « parmi les deux jambes », c'est-à-dire « en leur milieu ». Sa mutilation est donc de nature sexuelle ce qui nous amène en plein cœur de la légende Osirienne. Osiris, Dieu sombre des ténèbres nocturnes, était chargé d'accueillir le soleil en Occident et de le reconduire vers l'Orient pour préparer l'Aurore. Il fut tué par Set et 72 complices[36]. Son corps fut dépecé après le meurtre et les morceaux dispersés. Alors la Reine Isis, la Veuve, et son fils Horus, entreprirent une « Quête » pour en retrouver les morceaux épars. Ils y parvinrent sauf pour l'un d'eux : le sexe. Osiris fut ainsi reconstitué, après une Quête, dans le même état que le Roi Pêcheur, c'est-à-dire « blessé parmi les deux jambes » donc au sexe (« *votre père, si ne le savez, fut parmi les jambes navrez* », vers 416 à 448).

Il paraît donc nécessaire dans la logique d'un mythe, qu'un Roi nouveau apparaisse pour rétablir la fertilité du Royaume. Ce sera Horus dans la légende Osirienne et Perceval dans celle du Graal. Notons à ce propos que la théorie du « remplacement du Roi » est au centre de la vie politique du XIIe siècle. C'est

Aliénor d'Aquitaine qui fut répudiée par Louis VII auquel elle n'avait donné que deux filles et aucun héritier mâle (alors qu'elle mettra 5 fils au monde de son second mariage avec Henri II le Roi d'Angleterre). C'est Henri le jeune, fils d'Henri II, que les grands féodaux anglais et continentaux tentèrent (vainement) d'imposer sur le trône d'Angleterre. Ces événements ont nourri la pensée de Chrétien de Troyes et constituent indiscutablement le « cadre de référence » de son œuvre.

Gornemant-Perceval, les Gémeaux et la symbolique d'Horus

Dans la tradition mythologique égyptienne, Horus capitalise toutes les vertus : royale et chevaleresque. C'est lui qui mène l'expédition « punitive » contre Set-Typhon qu'il va émasculer à son tour (*Livre des morts*, Chapitre XVII, 30, 112-113). Il s'identifie alors à la symbolique de la fertilité. Horus devient ainsi le chef de guerre revenu victorieux de sa quête, et les armées égyptiennes lui rendront grâce pour chacune de leurs victoires. « Tu as anéanti tes ennemis, tu as tué tes adversaires, ils sont tombés sous tes pieds, tu les as broyés comme des grains ». On retrouve dans cette liturgie les accents guerriers des psaumes Davidiques, de même que le combat des forces de la lumière contre celle des ténèbres sera repris par les Esséniens[37]. La victoire d'Horus se célébrait en Égypte le jour de la nouvelle Lune et le Temple de Denderah, qui renferme cet étonnant zodiaque reproduit en page 104, lui était dédié. Les

textes Égyptiens nous montrent que les victoires des
Pharaons ont été aussi dédiées à Horus. Il est leur
modèle et la guerre ici-bas est à l'image du combat
spirituel que livre dans les cieux le modèle Horus.
Il est l'intermédiaire entre les deux niveaux terrestre
et céleste. Nouveau Roi, Horus a aussi pour mission
de rétablir l'ordre[38]. Il faut remarquer qu'il ne parti-
cipe pas à la résurrection de son père, mais seulement à la « quête » des éléments épars de son corps.
La résurrection, acte magique, est du domaine
féminin d'Isis la Noire, la magicienne dont les secrets
sont bien gardés. Le rôle essentiel d'Horus est situé
après la vengeance du père et sa résurrection. Cette
mission consiste à assurer l'inspiration du Pharaon.
Le monarque Égyptien n'est pas un Roi divin, mais
un Roi « par grâce divine »[39]. À ce titre, il est le
premier et seul agent du culte divin et donc le
pendant dans l'État égyptien de ce que sont à
l'échelon de la famille (Gens) les paterfamilias de
la Rome antique. Les actes essentiels, par exemple
la fondation d'un Temple, étaient effectués par le
pharaon lui-même. D'autre part, et toujours dans
la tradition égyptienne, le pharaon, bien que n'étant
pas de nature divine, était néanmoins l'incarnation
d'Horus. Les fresques d'un Temple nous montrent
le Pharaon Amenophis III qui est purifié par Horus
puis sacré par Rê qui lui remet sa couronne. Le
travail d'Horus s'accomplit ainsi de Pharaon en
Pharaon, à travers les multiples dynasties. Il est à
ce titre le Dieu de l'Ordre et du respect des rites[40].
Sa mission est en permanence de rétablir l'ordre des
choses ici-bas, aussi bien par le respect des tradi-

tions religieuses que – si nécessaire – par la force, et en particulier quand cet ordre rend nécessaire de recourir aux armes.

Nous constatons ainsi que Perceval puise les éléments de sa symbolique dans la plus haute tradition antique. Les sources initiatiques ne sont pas plus nombreuses que dans d'autres mythes, mais elles sont inspirées de cette Tradition qui nous vient d'Égypte et de Grèce et qui a été transmise par l'Église des origines du christianisme, celle qui fleurissait à Alexandrie.

*« Le Paradis est toujours à refaire.
Il n'est point en quelque lointaine Thulé.
Il demeure sous l'apparence.
Chaque chose détient, virtuelle, l'intime harmonie
de son être, comme chaque sel, en lui,
l'archétype de son cristal. »*

André GIDE
Six Traités, Gallima

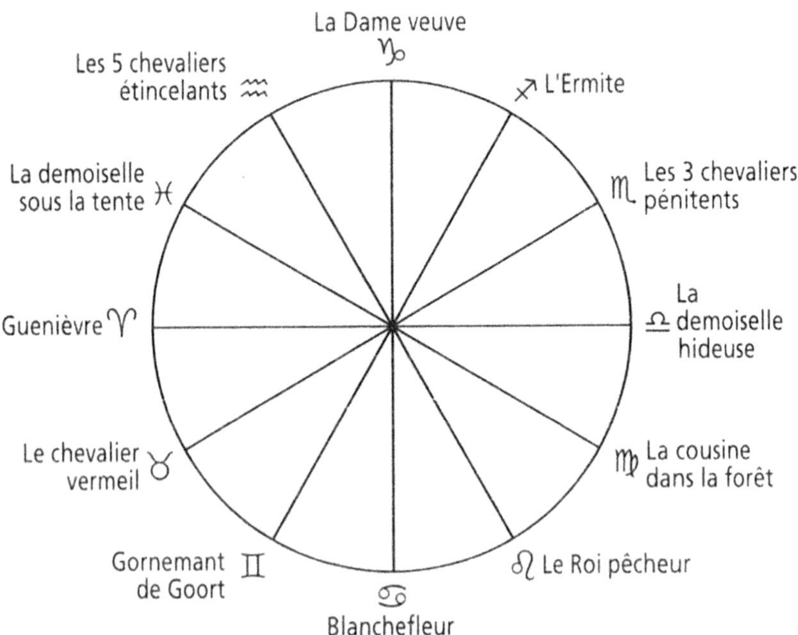

III

PERCEVAL
OU LE ZODIAQUE DU CAPRICORNE

Ayant disposé nos personnages sur le cercle, chacun sur un des sommets du dodécagone, la tentation est grande d'installer sur ce même cercle les signes du Zodiaque. La difficulté est de trouver le signe de départ de l'histoire, celui qui correspond au personnage initial : La dame Veuve, mère de Perceval. Ce point de départ sera le Capricorne, voici pourquoi : Le personnage de la mère protège le héros pendant l'hiver de sa germination. Elle l'enferme et le fait pousser en le protégeant de l'extérieur. Il s'agit donc de la terre et en particulier de l'activité hivernale de la terre. Le signe du capricorne est le signe de terre du Solstice d'hiver.

La planète qui a son « domicile » en Capricorne est Saturne-Chronos. Chronos a tué son père de même que Perceval est responsable de la mort de sa mère. Chronos est, dans la mythologie, le Roi qui régna avant Zeus, à l'époque de l'âge d'or[41]. Après que cette époque fut révolue, Chronos devint un tyran dévorant ses enfants. C'est exactement l'histoire de la mère de Perceval qui a connu des jours heureux avant la mort de son mari et de ses deux fils aînés, et qui maintenant étouffe la croissance du dernier, croyant, ainsi protéger une stabilité illusoire. C'est aussi toute l'histoire de la famille de Perceval, puisque le Roi-pêcheur est son oncle, et que lui aussi attend le retour de l'âge d'or et de l'abondance.

À propos d'abondance, nous pouvons aussi relever que Zeus fut recueilli et caché par la nymphe-chèvre Amalthée. C'est à partir d'une de ses cornes, arrachée par Zeus que fut créée la corne d'abondance, toujours remplie, comme le graal doit un jour le redevenir. Ce symbole de la chèvre Amalthée relève aussi du signe du Capricorne. Ainsi l'astrologie classique figure le Capricorne par un personnage solitaire, déterminé, ayant atteint un niveau élevé de conscience, qui lui permet de travailler pour donner l'abondance aux hommes en les relevant de leur déchéance. C'est pour cela que le Christ est né en Capricorne, et cette mission traduit aussi très bien l'objectif de la quête du Graal et la psychologie de Perceval.

Cette logique de thème « capricornien », la répartition des personnages sera :

1. Dame Veuve	Capricorne	Terre	Quantité	Cinématique
2. 5 Chev. étincelants	Verseau	Air	Potentiel	''
3. Pucelle/tente	Poissons	Eau	Intensité	''
4. Guenièvre	Bélier	Feu	Quantité	Dynamique
5. Chevalier Vermeil	Taureau	Terre	Potentiel	''
6. Gornemant	Gémeaux	Air	Intensité	''
7. Blanchefleur	Cancer	Eau	Quantité	Énergétique
8. Roi Pêcheur	Lion	Feu	Potentiel	''
9. Cousine/forêt	Vierge	Terre	Intensité	''
10. Demoiselle Hideuse	Balance	Air	Quantité	Statique
11. 3 Chev. pénitents	Scorpion	Eau	Potentiel	''
12. Ermite	Sagittaire	Feu	Intensité	''

Je renvoie ceux qui souhaitent approfondir les concepts de Quantité-Potentiel-Intensité et de Cinématique dynamique énergétique aux travaux de PV Piobb[42].

Correspondances entre les personnages et les signes zodiacaux

Nous ne reviendrons pas sur le signe du Capricorne qui a été décrit précédemment. Rajoutons seulement que la planète Mars a son exaltation dans ce signe, l'exaltation signifiant l'apparition d'un nouvel état dont la planète concernée fournira le thème. Pour le Capricorne, l'exaltation de Mars signifie le passage imminent de Perceval à un nouvel état « guerrier », qui traduit parfaitement sa vocation chevaleresque.

Les Gémeaux de la Cathédrale de Chartres sont les deux chevaliers qui figu-
rent aussi sur le sceau des templiers.
Leur bouclier porte pour motif le « Rai d'escarboucle » de même que le saint
Maurice de la page 78.

Pour les onze autres signes, de réelles correspondances apparaissent aussi. Rappel: Les références au texte correspondent à l'édition « Livre de poche » dans la. traduction d'A. Micha, d'après le manuscrit de Berne.

Ainsi, **les 5 Chevaliers étincelants** correspondent au Verseau (vers 98 à 338). À ce signe, Perceval reçoit l'apport énergétique qui figure sur le graphisme de ce signe. Il est assimilé à cette eau primordiale et stérile contenue dans l'urne. Il habite la « gaste forêt » (vers 73), c'est-à-dire dans un endroit devenu stérile. Mais l'eau du Verseau contient, par le miracle visuel des chevaliers étincelants (il s'agit d'un choc comparable à celui d'un initié recevant la Lumière), l'énergie divine et lumineuse du Feu primordial. L'urne qui contient Perceval, le naïf adolescent, prend alors sa réelle dimension, celle qui dérive du mot phénicien « Uro » qui signifie « brûler ». Perceval brûle dans cet athanor, de désir et d'émerveillement devant cette lumière manifestée. Von Bülow assimile le Verseau à la 11e Rune qui est « Sol », l'éclair.

La Pucelle sous la tente amène notre héros au signe des Poissons (vers 595). La tradition égyptienne laissait sortir 2 fleuves de l'abîme de l'eau primordiale[43]. Le premier fleuve est Terrestre et le second Céleste. C'est exactement le sens de cet épisode. Perceval doit-il suivre le poisson terrestre, séduire la jeune fille et la débarrasser de son compagnon violent et tyrannique? Ou bien doit-il suivre le poisson céleste, dans une aventure dont il ne saisit pas encore la dimension spirituelle ? Il choisit le second poisson, après avoir failli succomber aux charmes du premier (repas, baiser et anneau volés). Les Poissons étant un signe d'eau, on ne s'étonnera pas de lire les précisions données par l'auteur : la tente de cette pucelle est située en bordure d'un lac alimenté par une source (par association au signe précédent du Verseau).

À 90° des Poissons, nous avons le signe du Sagittaire, celui du solstice d'hiver et de Jean l'évangéliste. Cet évangéliste, représenté par un Aigle dans l'iconographie chrétienne, qualifié d'Aigle de Patmos, est figuré à la verticale de la tente qui est aussi décorée d'un aigle.

Avec l'arrivée de Perceval à la cour d'**Arthur** et **Guenièvre** nous entrons dans le Bélier. Cet épisode se situe à compter du vers 792. C'est en effet sous l'autorité du bélier que s'assemble le troupeau, qui est ici figuré par la troupe des chevaliers (la militia au sens médiéval). Signe de feu, le Bélier figure le moment où l'impulsion se ressource et se canalise vers un objectif précis. C'est bien le cas pour Perceval qui prend en charge la défense de Guenièvre, humiliée par le chevalier Vermeil. Les trois signes de feu (Bélier, Lion et Sagittaire) correspondent aux trois suzerains :

• en Bélier le suzerain terrestre (Arthur)
• en Lion le suzerain du monde merveilleux de l'intériorité (le Roi Pêcheur)
• en Sagittaire le suzerain spirituel (Dieu rendu accessible par l'Ermite).

Le Chevalier Vermeil relève du signe du Taureau (vers 1020 et suivants). C'est l'épisode où une nouvelle victime expiatoire est nécessaire à l'évolution du héros. Les trois victimes expiatoires sont situées toutes les trois dans les signes de Terre. La première est la mère de Perceval (au Capricorne), la seconde est le chevalier Vermeil (en Taureau), et la troisième est une victime innocente (le chevalier mort reposant sur les genoux de la Cousine), au signe de la Vierge. Pour cet épisode du Taureau, de même que Mithra (né lui aussi un 25 décembre et donc divinité capricornienne), prince solaire, immole le Taureau, Perceval, héros capricornien, immole le chevalier Vermeil sur l'autel des droits féodaux et de la courtoisie.

L'animal mythique, caché dans le labyrinthe, figure les passions à combattre, les instincts animaux. C'est la première épreuve de Perceval. La planète en exil en Taureau est Pluton, ce qui annonce un état de mort. Perceval y commet un « meurtre légal ».

Gornemant de Goort nous conduit au signe des Gémeaux (vers 1255 et suivants).

Nous entrons ici au cœur même de la symbolique Templière. En effet, les deux couleurs de l'Ordre (blanc et rouge) sont attribuées par Chrétien de Troyes à Gornemant et Perceval.

Gornemant est vêtu d'hermine blanche (vers 1300) et Perceval porte les armes vermeilles du chevalier qu'il a vaincu à l'épisode précédent[44].

Comment ne pas associer ces deux chevaliers blanc et rouge, à nos chers moines-soldats ?

Comment ne pas rapprocher Gornemant et Perceval qui mangent à la même assiette (v 1523) à ceux qui figurent sur le sceau du Temple (deux Hommes sur le même cheval)? Comment ne pas associer ceux qui confessent leur bonheur complet d'être ensemble (v 1532) aux nouveaux Templiers auxquels on récitait le psaume 132 : «oui qu'il est bon, qu'il est doux pour des frères d'habiter ensemble». L'affectivité est en effet dominante en Gémeaux.

Mais à propos du symbole des deux hommes sur un même cheval, une observation particulière mérite un examen attentif : L'ère chrétienne débute en même temps que celle (zodiacale) des Poissons. Elle doit durer 2160 ans[45]. Si l'on figure cette durée comme ci-contre sur un cercle chronologique allant de l'année zéro à l'année 2160, on constate que la mi-parcours est atteinte au signe de la Vierge si l'on part des Poissons. La mi-parcours se situe en 1080 et c'est précisément à cette époque qu'intervient le grand renouveau chrétien grâce à l'introduction du culte Marial, dont saint Bernard et les bâtisseurs de cathédrales seront les ardents promoteurs.

En parallèle de ce renouveau «spirituel», un nouveau modèle d'organisation «matérielle» doit se créer. C'est cela qui constitue la mission fondamentale de l'Ordre du Temple. Le Temple construit sur le plan matériel et horizontal, ce que la foi développe sur le plan spirituel et vertical[46] à travers la vénération pour Marie mère du Christ. La création de l'Ordre date de 1118. Or sur les deux sceaux utilisés par les grands Maîtres du Temple[47], l'un figure les deux templiers montés sur le même cheval (voir p 17 et 38), c'est-à-dire la fusion des signes zodiacaux des Gémeaux et du Sagittaire, qui constituent le diamètre perpendiculaire de celui de la Vierge et des Poissons! Quelle étrange coïncidence!

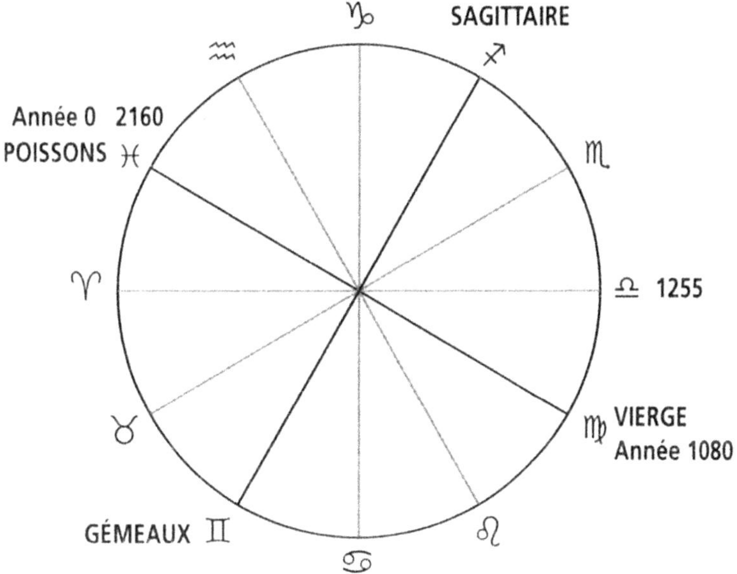

Place de l'Ordre du Temple dans l'ère des Poissons

Blanchefleur nous amène en Cancer (v 1664 et suivants).

Le caractère aquatique de ce signe est manifesté par la localisation du château de Blanchefleur en bordure de la mer, d'où lui vient son seul ravitaillement puisqu'il est assiégé. L'idéographisme du Cancer, qui représente un tourbillon, caractérise donc bien la tourmente de Blanchefleur. Mais il est aussi l'image du germe et de la gestation. À ce stade, Perceval « digère » l'enseignement reçu de Gornemant. M. Senart, dans son livre *Le Zodiaque* (réédité en 1981) rappelle que le Cancer « prépare la naissance à la conscience individuelle, alors que le Capricorne (signe opposé) prépare la naissance à la conscience cosmique. Perceval est donc loin d'atteindre le but du chevalier spirituel. Il lui faudra revenir au Capricorne pour cela, mais il n'en a jamais été aussi éloigné. C'est ce qui explique l'échec qu'il va subir au signe suivant. La Lune, planète maîtresse du Cancer où elle a son domicile, est traduite par le personnage féminin de Blanchefleur, et la couleur qu'il évoque. Blanchefleur hérite de toutes les ambiguïtés lunaires, à la fois faible et forte, misérable et séductrice, trahie mais chanceuse, elle boucle au bord de l'eau le parcours terrestre de Perceval. Et c'est au bord de l'eau d'une rivière que va se poursuivre l'aventure après ce très long épisode de plus de mille vers.

Le Roi Pêcheur symbolise le signe du Lion (vers 2914 et suivants).

Signe royal, il figure sur l'étendard de Juda. Il campe

le destin aussi bien de Juda lui même que de l'humanité entière (M. Senart op.cit.). L'élévation promise aux hommes exige désormais une rupture des liens qui les retiennent à l'individualisme et à l'hédonisme. Perceval doit s'ouvrir au monde et rayonner. Le modèle est fourni dans ce texte cité par Senart (op. cit. p 148) :

> « *Vishnou le terrible, le tout-puissant, l'immense*
> *Flamboie dans toutes les directions*
> *Gloire à lui l'Homme-Lion*
> *Effroyable et dans sa grâce irrésistible*
> *Gloire à lui, destructeur de la mort.* »

L'Homme-Lion, figuré par le Roi pêcheur, doit détruire la Mort, c'est-à-dire la blessure et la malédiction qui pèsent sur son royaume. Mais en bonne tradition chrétienne, la rédemption ne peut pas venir du seul intéressé. L'action de Perceval est nécessaire pour opérer cette transmutation-rédemption, œuvre du guerrier-sauveur, de l'Homme-Lion. Mais nous sommes ici au centre de l'histoire, comme le suggère la planète Soleil qui a son domicile en Lion et qui est le centre de notre système. Le parcours n'est donc pas achevé et il est trop tôt pour conjurer le sort qui frappe le Roi-pêcheur et son père. Pourtant, la lumière a été reçue par Perceval, même si son éclat a constitué pour le héros plus un aveuglement qu'un éclairage. La mémoire de cette lumière, il va la porter en lui, comme l'animal-Lion porte la symbolique solaire en permanence dans sa crinière rousse. Il se souviendra que la lumière se tient dans le Graal, dans cette coupe que le prêtre lève à l'orient de nos

églises. Le changement d'état annoncé par l'exaltation de Neptune, préfigure l'ouverture de la sensi-
bilité de Perceval aux autres, le don de soi qui sera
nécessaire à la poursuite de sa progression spirituelle.

Le Zodiaque Égyptien de Dendérah.
La déesse Nout dont les bras sont levés pour indiquer l'axe astronomique
du monument, associe également le ciel et la lactation (infra, chapitre sur
saint Bernard et légende d'Hercule).

La cousine dans la forêt correspond au signe de la Vierge (vers 3360 et s.).

Le décor de cet épisode correspond bien au caractère « terrien » du signe puisqu'il va se dérouler dans une forêt. La cousine, assise sous un chêne (symbole également terrien), pleure son compagnon, abattu par l'Orgueilleux de la Lande. Cette image de la femme pleurant l'homme qui lui est cher, n'est-elle pas une représentation du mythe de Marie-mère-de-Dieu ? Senart caractérise le signe de la Vierge par le développement de l'intuition. Et c'est en effet à ce stade que Perceval a l'intuition de son nom (qu'il devine son nom dit le texte v 3512). Il a aussi, lors de cette épisode, la révélation de la faute qu'il a commise en ne posant pas la question lors de la procession du Graal. Ce moment concret, funeste, confronte une nouvelle fois Perceval à ses réelles responsabilités. C'est au signe de la Vierge que la planète Mercure a son domicile, traduisant ainsi qu'à cet épisode Perceval va recevoir une révélation. C'est bien le cas, Mercure étant la planète du Dieu Hermes. G. Borie et G. Jouin ajoutent que ce signe est dévolu à l'idée d'esclavage[48]. Une fois de plus, le texte de Chrétien de Troyes est fidèle à notre zodiaque, puisque cet épisode conduit Perceval à châtier l'Orgueilleux de la Lande, qui tient en esclavage la Pucelle sous la tente. Souvenons-nous que Perceval avait promis de la délivrer au signe diamétralement opposé des Poissons.

La Demoiselle hideuse nous conduit alors au signe de la Balance (vers 4097).

C'est à ce moment précis que Perceval est en effet apte à traduire les révélations précédentes en « choix » personnel. Il est à la croisée de ses chemins et dispose de tous les éléments pour choisir sa voie. Entre une chevalerie terrestre et la quête mystique du Graal, il va opter pour la seconde voie, alors que Gauvain prendra la première. La demoiselle hideuse est l'antithèse de Vénus qui a son domicile en Balance. Elle est vêtue de noir et son aspect est repoussant, au contraire de Vénus qui est le principe de l'attraction universelle. Perceval n'en a que plus de mérite à suivre ses injonctions, reprenant ainsi la parabole du Cantique des Cantiques : « *je suis noire mais je suis belle* », que nous détaillerons plus loin. À ce signe représentant aussi la justice, Perceval châtie le sénéchal Keu, pour le tort qu'il avait fait à la Pucelle-qui-rit, lors de son passage à la cour d'Arthur, à l'opposé diamétral du signe de la Balance.

Longtemps après, cinq années s'étant écoulées, Perceval rencontre **3 chevaliers pénitents** qui figurent le signe du Scorpion (v 6140 et s.). Le scorpion est en Astrologie un signe de mort et de désolation. Depuis 5 ans, Perceval erre en ne remportant que des succès « terrestres » (60 chevaliers capturés soit douze par an). Cette stérilité l'a conduit jusqu'à oublier ses devoirs de chrétien et même à oublier Dieu. Mais le caractère aquatique du scorpion le positionne en tant que symbole de la mort-renaissance. Et l'épisode se déroule justement un jour de Vendredi Saint où tous les chrétiens pleurent ce mort qui va renaître. C'est l'étape où Perceval prend conscience de son pouvoir auto-destructeur. Alors, comme au signe opposé du Taureau, il devra faire un sacrifice, mais il ne s'agit plus d'un sacrifice extérieur, d'immoler une victime, mais bien à l'inverse, de se fondre dans l'amour de celui qui s'est immolé lui-même. Le sacrifice du scorpion est purement spirituel. Il relève du « don de soi »[49], ou encore de ce que saint Bemard appelait « le renoncement à la volonté propre »[50] C'est au prix de cette offrande[51] que Perceval, à l'épisode suivant, accédera à la conscience universelle.

Le dernier signe, celui du Sagittaire, sera atteint avec le personnage de l'**Ermite** (vers 6264).
La lucidité de Perceval sur ses insuffisances, et la sincérité de son repentir, sont figurées par l'étrange Centaure, dont le bas du corps est animal et représente les passions qui nous assaillent, et le haut est humain, avec une flèche symbolisant l'aspiration vers la spiritualité.
Ce signe complète et équilibre celui des Gémeaux, de même que l'ermite complète et termine la formation succincte donnée par Gornemant. C'est alors que Perceval prend conscience de la portée de « l'adoubement » qui lui a été conféré par Gornemant, l'ermite attirant son attention sur le fait qu'il était entré dans *l'Ordre le plus élevé que Dieu a crée et commandé* (vers 1594).
Le signe du Sagittaire, gouverné par la planète Jupiter, traduit cette énergie « divine » symbolisée par la foudre, ou par l'Eucharistie dans la liturgie chrétienne. Perceval reçoit donc cette énergie, mais

que va-t-il en faire ? Retrouver le château du Graal à son retour en Capricorne ?

Cet épisode n'a pas été écrit par Chrétien de Troyes, mais la logique très rigoureuse de sa construction, ne laisse aucun doute sur la plausibilité de cette issue.

Le retour en Capricorne nous conduira au signe du Christ (né un 25 décembre). À ce sujet, on se référera au vitrail N° XVII de Chartres (monographie de la cathédrale de Chartres, E. Houvet 1939). Ce vitrail représente les signes du zodiaque et les travaux agricoles qui leur sont associés. Le signe du Capricorne n'a pas en vis-à-vis de personnage au travail. Son association est le Christ. Détail curieux : ce vitrail porte la mention de son donateur : le comte Thibaud de Champagne ! Ceci nous prouve bien que dans cette Champagne, dont Chrétien de Troyes était originaire, l'analyse zodiacale était passée dans la culture courante.

L'Hermite *(tarot de Marseille de Nicolas Conver, 1760).*
Remarquer que l'Hermite porte une écharpe rouge et un manteau noir et bleu nuit. La lanterne qu'il tient à hauteur de ses yeux n'a de sens que pour guider ceux qui marchent vers lui. Il est le neuvième arcane, c'est-à-dire, selon la symbolique templière, celui de la gestation accomplie. Sa lanterne qui brille dans la nuit, illustre le prologue de l'Évangile de Jean :
« La lumière luit dans les ténèbres et les ténèbres ne l'ont point comprise ».

« En pratique, tout symbolisme comporte
une certaine obscurité inévitable.
Un poème ainsi conçu n'est jamais d'un accès facile.
La raison est qu'il porte son sens en lui,
non pas d'une façon apparente, mais d'une manière secrète,
de même que l'arbre porte en sa graine, le fruit qui en naîtra. »

H. de Regnier,
Figures et caractères, Mercure.

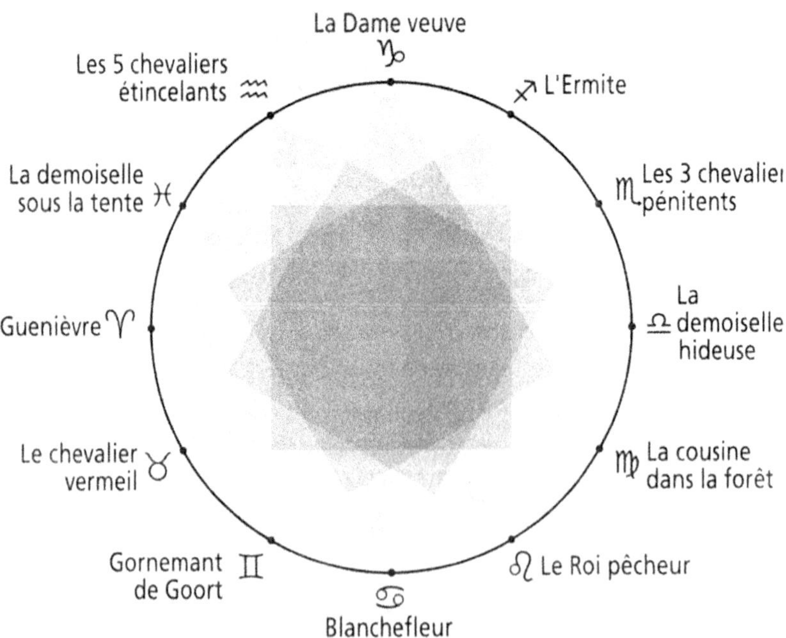

IV

LES TRIANGULATIONS:
LE GRAAL ET LE TEMPS

Alors que le nombre quatre est dévolu à l'espace et
à la simultanéité, le nombre trois est l'emblème de
la successivité des éléments.
Cette distinction entre « simultané et successif a été
fort bien perçue par K. Pomian dans son étude intitulée « l'ordre du temps » [52]. Il a en effet remarqué,
en tant qu'historien, que ce sont les deux grandes
catégories d'événements que nous ayons à traiter.
Pomian concède qu'il est parfois difficile dans le
« présent psychologique », de distinguer le simultané du successif (*op cit.* p 220). C'est alors que les
structures dodécagonales prennent tout leur sens.
À partir de chaque point cardinal, la construction
d'un triangle équilatéral va permettre de caractériser l'existence de deux nouveaux points, de même
nature que le premier et qui définissent l'évolution
possible de celui-ci.

Pour comprendre précisément cette approche,
nous prendrons un exemple. Il est de tradition de
représenter les signes du zodiaque selon les quatre
éléments : Terre, Air, Eau, Feu. La distinction des

signes en quatre éléments n'est pas une « vue de l'esprit » mais bien une méthode courante utilisée par nos prédécesseurs. Ceux qui veulent en observer l'application concrète, pourront à l'occasion d'une visite des hôtels du Marais à Paris, en constater la présence sur les façades des Hôtels de Sully et du Musée Carnavalet (statuaire représentant les quatre saisons, les quatre éléments et les quatre signes zodiacaux concernés). Pour chaque élément, il existe un triangle équilatéral qui relie les trois signes zodiacaux concernés. À l'opposé, le carré cardinal comprend, sur chacun de ses sommets, un signe représentant un élément différent.

Si l'on prend l'exemple de l'élément « Eau », il figure sur chacun des trois carrés, dans un contexte de simultanéité, c'est-à-dire qu'il est associe dans chaque carré aux trois autres éléments pour offrir la vision d'une totalité autonome et définitive. Mais il figure aussi sur un triangle équilatéral qui est commun à chacun de ces carrés. Ce triangle nous présente les trois états successifs que peut revêtir cet élément dans le temps : état solide puis liquide puis gazeux. Le temps intervient pour cet élément sous la forme d'un accroissement progressif de la chaleur État solide ($< 0°$) -> État liquide (de $0°$ à $100°$) -> État gazeux ($> 100°$).

La démarche que nous allons maintenant entreprendre va consister à caractériser chaque point cardinal, chaque personnage défini comme essentiel dans notre mythe de Perceval, en fonction du Triangle auquel il appartient.

Nous allons ainsi obtenir de nouvelles informations, et un nouveau sens de lecture qui enrichira ce que nous avons découvert lors de notre analyse des cardinalités.

> *« Une dévotion toute particulière à Edgar Poe*
> *me conduit alors à donner pour royaume*
> *au poète l'analogie. Il précise l'écho mystérieux des choses et leur*
> *secrète harmonie, aussi réelle,*
> *aussi certaine qu'un rapport mathématique ».*

> Paul Valéry, *lettre à Mallarmé, 1891.*

Section I
Première triangulation : obstacles à surmonter ou triplicité des contraintes

Cette triangulation nous présente les obstacles à surmonter, qui sont historiquement de trois natures dans le parcours d'un initié :
Obstacles familiaux qui sont symbolisés par la mère dont l'objectif était de laisser Perceval dans l'ignorance complète de la chevalerie et de l'histoire de sa famille. À tel point que le pauvre ne connaissait même pas son nom.

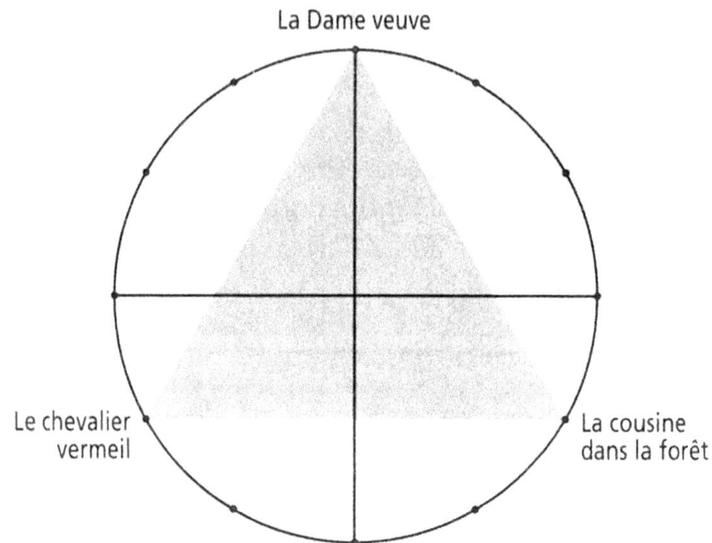

Les 3 morts ou la triplicité des contraintes
Ce triangle équilatéral a son sommet sur le premier des points cardinaux :
• celui de la Dame Veuve, mère protectrice de Perceval.
Les deux autres points sont :
• le Chevalier Vermeil
• la Cousine rencontrée dans la forêt.

Obstacles sociaux qui sont figurés par le Chevalier Vermeil. Ce chevalier est le prototype de la mauvaise chevalerie et le rôle du chevalier « nouveau » sera d'en débarrasser la société. Cette symbolique nous rappelle celle d'Hercule et de ses travaux.

Obstacles psychologiques figurés par le personnage de la cousine dans la forêt. Elle éclaire Perceval sur les causes personnelles de son échec. Ce stade, présent dans tous les processus initiatiques, est fréquemment signalé par l'adage Grec « connais-toi toi-même ».

Nous obtenons ainsi une présentation du parcours initiatique en trois épreuves :
• la première (Dame Veuve) correspond à ce que St Paul appelait : « tuer le vieil homme »
• la deuxième est la réalisation du chef-d'œuvre (compagnonnage)
• la troisième est le perfectionnement par la connaissance de soi (Maîtrise).

Ces trois épreuves relèvent des trois signes de terre du zodiaque (Capricorne pour la dame Veuve, Taureau pour le Chevalier Vermeil, et Vierge pour la cousine), montrant ainsi leur caractère concret. Ils trouvent un étrange écho dans la cérémonie du sacre de l'empereur du Japon[53] où l'on remet au récipiendaire les trois Trésors : L'épée, le Miroir, et la chaîne de joyaux. L'épée correspond à la prise des armes au chevalier Vermeil, le miroir à la Cousine qui l'invite à se connaître mieux, et la chaîne de joyaux à la dame Veuve dont le lien du sang donne droit à Perceval de conquérir le Graal. On peut également observer que le Chevalier Vermeil est l'épreuve située dans notre zodiaque en Taureau, et que le sacrifice ou le meurtre du Taureau est une activité constante du parcours initiatique. Le culte de Mithra instituait le sacrifice d'un Taureau, les Pharaons le combattaient symboliquement, et Hercule terrassa celui de Crète. Trois religions qui convergent.
Il faut noter enfin que sur ce triangle nous trouvons les trois seuls morts du texte de Chrétien de Troyes : La mère qui meurt au premier épisode, le chevalier Vermeil que Perceval tue de ses javelots, et la cousine

dont le compagnon gît, occis par « l'orgueilleux de la lande ». Ce n'est pas un hasard si ces trois morts sont placés en triangle sur des signes de terre. La mort à ce stade est envisagée sous son angle physiologique, et la terre est le berceau des morts, qui à leur tour assurent la germination et la protection des vivants. On peut se référer au mythe de Déméter, déesse de la terre ensemencée et des moissons, dont la fille Perséphone fut enlevée par Hadès le dieu des enfers. Nous avons ainsi la suggestion d'une autre mort, initiatique, qui permet au candidat de franchir définitivement la porte du Temple.

« Le monde physique est un vase empli de métaphysique. Chaque chose est un tabernacle d'Isis, chaque chose est une idée ayant sur elle la poussière de l'exil. La Vérité c'est la charbonnière avant le débarbouillage, la Beauté cette même charbonnière débarbouillée~ » Saint-Pol-Roux Enquête Huret.

Section II
Deuxième triangulation :
Triplicité d'évolution, « Le service de la Dame »

L'un des faits dominants caractérisant les XIIe et XIIIe siècles est l'émergence triomphante du culte Marial. En 431 que Cyrille (archevêque d'Alexandrie) utilise pour la première fois l'expression « Mère de Dieu ». Au VIe siècle est instituée la fête de l'Assomption, placée judicieusement le 15 août, où l'on célébrait

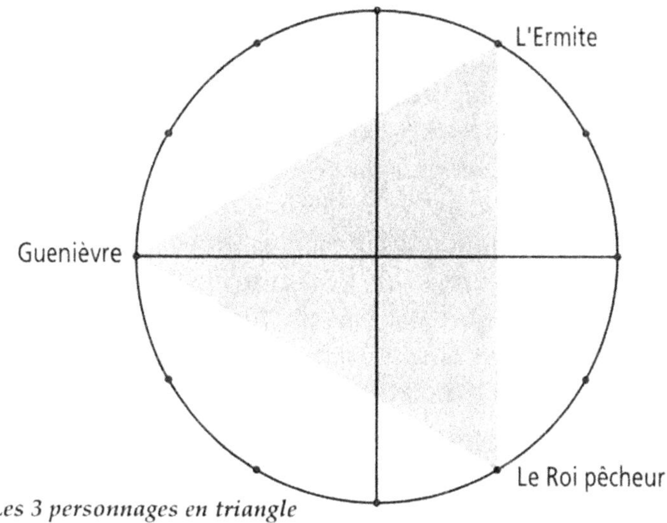

Les 3 personnages en triangle

traditionnellement les fêtes d'Isis et Diane-Artémis[54].
En 1230 Gaultier de Coincy rassemble dans un
poème de 30 000 vers les légendes mariales. L'église
institue quatre fêtes relatives à la glorification de
Marie : Assomption, Purification, Visitation et
Annonciation. Mais le dogme de l'immaculée conception ne date que de 1854. Il répond à des objectifs
très terrestres et formalisés longtemps après l'an
Mil[55]. À peine installée sous les projecteurs liturgiques, Marie fait parler d'elle. Les historiens ont
relevé à partir du Moyen-Âge, une floraison d'apparitions de la Vierge. Une étude d'une grande érudi-
tion figure à ce propos dans les *Mélanges de mythologie
française* offerts à Henri Dontenville. Par exemple,
le 31 août 1008, elle apparaît à un Ermite de
Valenciennes lors d'une épidémie de peste et lui
annonce : « *Va dire aux habitants que j'ai désarmé mon*

fils » en analogie avec la figure du Roi Méhaigné. Puis elle apparaît à toute la ville, une quenouille à la main, flanquée d'un ange qui entoure la cité d'un cordon circulaire. La Vierge dit alors : « *Ce cercle représente le chemin que vous avez à parcourir, la peste cessera dès que vous aurez accompli un tour complet, et vous aurez à renouveler ce parcours chaque année* ». Quoique l'on pense de l'origine miraculeuse ou non de ce langage, il est dans la lignée de la méthode utilisée par Chrétien de Troyes. Il paraît plausible également que le mot « Dame » soit dérivé du néerlandais « Dam » signifiant digue ou protection. Ceci confirmerait les apparitions fréquentes relevées sur les murailles des villes ou à leur pied, ces murailles étant des digues appelées « enceintes » en français. Notre Vierge chrétienne est enceinte également. Et le château du Roi pêcheur est entouré d'eau, comme les « amster-dam ou rotter-dam » d'Europe du nord.

La deuxième triangulation est définie ainsi comme celle du « service de la Dame ». Du deuxième point cardinal, celui de Guenièvre – la dame blanche –, nous avons tracé un équilatéral reliant le Roi pêcheur et l'Ermite. Trois personnages d'une haute lignée, mais dont le rôle et le mode de vie sont très différents. Ils nous enseignent l'existence d'une triple suzeraineté :

• La monarchie, c'est-à-dire le pouvoir des Rois ou des princes féodaux, l'autorité de l'antique noblesse carolingienne, devenue plus un grand corps de l'état qu'une armée. Cette suzeraineté féodale est représentée par Guenièvre. Il est à noter que l'inféodation de Perceval ne découle pas de « l'auctoritas » d'Arthur, mais de la courtoisie envers son épouse, dont Perceval assure la réparation du tort qui lui a été fait.

• le Roi pêcheur est le suzerain du « merveilleux », un monde qui, à cette époque, fait partie de la vie quotidienne. Protections, apparitions, guérisons sont des situations courantes pour l'homme médiéval.

• L'Église est représentée par l'Ermite et son chapelain. C'est la troisième suzeraineté à laquelle Perceval se soumettra. Il reste à ce propos une incertitude sur le statut qui sera celui de Perceval pour terminer sa quête. Va-t-il intégrer les exigences spirituelles dans sa vie d'homme d'armes, ou embrasser le statut du clergé régulier ? Le caractère inachevé du texte de Chrétien n'en facilite pas l'élucidation. Jean Frappier a justement noté que les chevaliers du Graal dans toutes la littérature Arthurienne, n'engagent le dialogue spirituel qu'avec des moines ou des « ermites », en tout cas jamais avec le clergé séculier. De là à en conclure que la chevalerie distinguait deux églises, et ne se laissait diriger que par celle qui disposait d'enseignements cachés, à l'image du retrait du monde consenti par ses membres, il n'y a qu'un pas. Un autre aspect est celui du lignage : les ermites sont souvent issus du même haut lignage que les chevaliers. Il apparaît ainsi qu'un message secret aurait été transmis à la noblesse.

On remarque aisément la graduation de ces 3 suzerainetés :

• Au départ, il y a la monarchie « terrestre », celle que le Pape Gelase appelle « potestas » (par opposition à la légitimité papale qui relève de « l'Auctoritas ») et dont le ministère est dévolu à la lignée carolingienne, puis capétienne.

• Ensuite, le monde concret reçoit la visite du « merveilleux ». Ce n'est plus tout à fait le monde terrestre, mais ce n'est pas encore le monde divin. Le merveilleux est à la croisée des chemins de l'homme médiéval. Ici il s'agit de la vision du Graal.

• Enfin avec l'Ermite, il y a le renoncement à la vie terrestre pour se consacrer à Dieu en exclusivité. L'Ermite nous ouvre la porte d'un autre royaume, celui du Christ-Roi, dont nous parlerons plus loin.

Nos trois mondes, le terrestre, le terrestre habité du merveilleux et le divin, constituent des domaines distincts, dans lesquels l'église a la ferme volonté de jouer le rôle décisif.

Les trois coupes de Perceval

Le point commun de ces trois épisodes est la présence d'une coupe.

Guenièvre s'est fait voler la sienne et Perceval la lui récupère.

Le Roi Pêcheur présente à Perceval la coupe du Graal[56] dans la procession qui traverse la pièce.

Et l'Ermite donne à Perceval l'Eucharistie dans le calice consacré.

Ici se révèlent les objectifs catholiques de Chrétien de Troyes : Conforter l'instauration du culte Marial encore récent, préparer l'assimilation de la doctrine de l'Eucharistie dont la définition sera donnée au concile de Latran en 1215, assurer une tutelle spirituelle de l'église sur la nouvelle classe des chevaliers.

Concernant la doctrine de l'Eucharistie, ou plus précisément le dogme de la transsubstantiation, il faut noter que le clergé de l'Est de la France a été très actif dans sa conception (*cf.* J. Regnier, *Les Évêques d'Autun*).

Dans une ancienne liturgie du IIe siècle (*Liturgie d'Hippolyte*, par J.-M. Hanssens), la cérémonie de l'Eucharistie offre au fidèle trois coupes à boire : une d'eau, une de mélange de lait et de miel, et une de vin. Les trois breuvages correspondent parfaitement aux trois personnages de coupe de notre Conte du Graal. C'est aussi une piste supplémentaire pour remonter aux sources liturgiques qui ont probablement inspiré Chrétien de Troyes.

*Les personnages
de coupe du Tarot de Marseille*
En dehors des 22 arcanes majeurs,
56 cartes sont réparties en quatre catégories ; Coupe, Épée, Bâton, Denier.
Cet ensemble reprend si bien la symbolique du conte du Graal
qu'on est amené à en rechercher les sources communes.
Voir Alain Bocher, Cahiers du Tarot, tome I, Partage, 1989.

« Cet homme qui, grâce à son génie natif, grâce à des
vertus acquises, se trouve devant la nature acquise,
sachant lire en chaque objet la signification abstraite,
l'idée primordiale et supplanante, cet homme qui par
son intelligence et son adresse sait se servir des objets
comme d'un sublime alphabet pour exprimer les idées
dont il a la révélation, serait-il vraiment par cela même
un artiste complet ? Serait-il l'Artiste ?

A. Aurier, Œuvres posthumes, p. 216-218.

Section III
Troisième triangulation : triplicité d'action
Chevalerie et vertus chrétiennes
(Foi espérance charité)

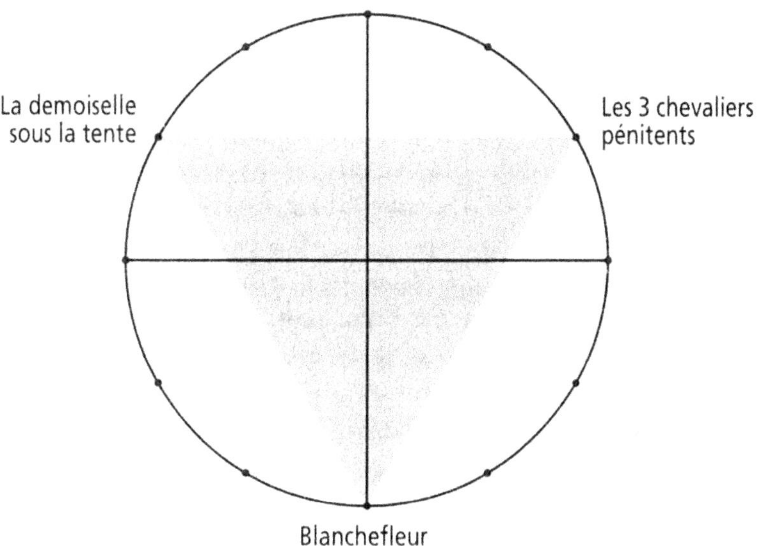

Les trois voeux
Nous partons maintenant du troisième point cardinal,
celui de Blanchefleur, pour constituer notre nouveau triangle équilatéral.
Il relie Blanchefleur aux personnages de :
* *la Pucelle sous la tente*
* *les trois chevaliers pénitents.*

Les thèmes développés par ces personnages ont pour
point commun les vertus chrétiennes de
Foi d'Espérance et de Charité.

La pratique de la charité et l'espérance dans un
monde meilleur sont des vertus « terrestres ».

La foi est par contre une vertu «céleste». Le caractère «pointe en bas» de ce triangle nous met sur la voie d'une forme de grâce qui doit toucher le chevalier vertueux.

La pucelle représente la charité humaine. Elle accueille Perceval malgré le risque que la jalousie maladive de son compagnon (L'Orgueilleux de la Lande) fait courir à elle-même et à son hôte. Elle laisse Perceval lui prendre de la nourriture, ainsi qu'un anneau et un baiser sans lui opposer une résistance trop farouche. Parabole de l'hospitalité qui est de règle en cette période de grandes migrations populaires (croisades, pèlerinages de Rome et de St Jacques de Compostelle en particulier, mobilité des ouvriers bâtisseurs et compagnonnage, brassage de populations dans les foires commerciales, en particulier celles de Champagne).

Blanchefleur est l'espérance. Elle est l'image d'une société qui change et porte l'espoir de cette évolution. Son hospitalité, son goût pour les relations courtoises et l'esthétique, sa croyance dans les interventions inespérées, s'opposent au désespoir net au négativisme de la dame Veuve qui est son vis à vis (point opposé sur le diamètre).

Dans le même ordre d'idées, on observe que la foi des **Pénitents** s'oppose à la force brutale du chevalier Vermeil, qui figure le soudard «sans foi ni loi». Enfin, la charité matérielle de la demoiselle sous la tente s'oppose à l'impuissance de la cousine, placée sur le même diamètre mais au point opposé.

La pucelle a planté sa tente auprès d'une source jaillissante[57]. Nous tiendrons cette observation pour un rappel du signe d'eau dont elle relève zodiacalement (les Poissons). Blanchefleur a son château situé en bord de mer, puisque les vagues battent les remparts[58] Le château sera ravitaillé de façon inespérée par un navire marchand, drossé contre ses murs. La position de Blanchefleur relève du signe du Cancer qui est aussi un signe d'eau. Enfin, les chevaliers pénitents, vêtus de lin blanc, sont du domaine de la Foi. Leur signe (scorpion) est aussi un signe d'eau, mais cette fois-ci d'une eau spirituelle.

Nous observons ainsi que l'enchaînement des signes d'eau se fait par une gradation qui suit la rotation vers la gauche de notre zodiaque. C'est celle qui est utilisée par les astronomes grecs depuis toujours.

Un autre rapprochement peut être fourni par analogie avec les trois voeux d'Ordre des chevaliers du Temple, qui restent le modèle ecclésiastique de la chevalerie du Graal.

La **pauvreté** est le thème de l'épisode de la « Pucelle sous la tente », où Perceval est affamé. À ce moment du Roman, il n'a encore que ses pauvres vêtements de valet, et ne possède aucune arme si ce n'est ses javelots de chasse.

La **chasteté** relève de l'épisode de Blanchefleur, où le texte laisse à penser que Perceval reçoit son «initiation virile». Il faut noter ici que la chasteté n'est pas l'abstinence, mais plutôt la fidélité à la femme choisie. Perceval ne touchera dans son aventure à aucune autre femme que Blanchefleur. Fidèle à son serment, il dépasse le stade de l'Éros pour atteindre celui de l'agapê.

L'**obéissance** enfin procède de l'épisode des chevaliers pénitents, qui renoncent temporairement à leur puissance civile pour revêtir l'habit de pénitent et déposer leurs armes.

On notera à ce propos la permanence de la couleur symbolique blanche dans ce triangle :
• blancheur virginale de la Pucelle sous la tente, référence à la pureté,
• blancheur de Blanchefleur, référence à la couleur de peau,
• blancheur du vêtement (de lin) des chevaliers pénitents, référence à la contrition.

« L'improvisation se concerte, l'impromptu s'organise,
car rien ne peut demeurer, rien ne s'affirme
et ne franchit l'instant, qu'il ne produise ce qu'il faut
pour additionner les instants. »
P. Valéry, Littérature, 1930, p 40-41.

Section IV
Quatrième triangulation : triplicité de l'âme
L'action personnelle et la mission du chevalier.

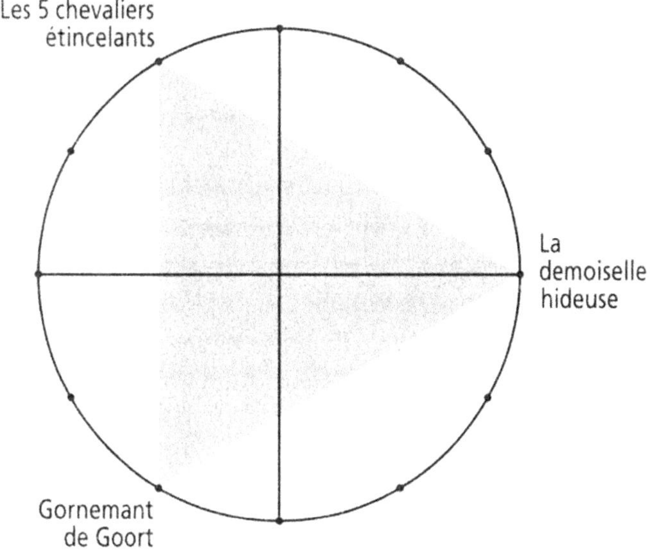

Les trois carrefours, quatrième triangulation

Cette dernière triangulation nous conduit au quatrième point cardinal, celui de la demoiselle Hideuse, qui constituera le départ de notre équilatéral. Les autres sommets atteints seront les cinq chevaliers « étincelants » et Gomemant.

Ce triangle concerne les trois signes d'air. Il sera, en bonne logique zodiacale, dévolu aux aspirations, aux motivations personnelles qui guident l'action du héros.

Le libre arbitre de Perceval

Nous entrons en effet avec ces trois personnages dans le domaine du Libre arbitre. On peut remarquer qu'à chacun de ces trois moments, Perceval prend une décision capitale. À l'épisode des cinq chevaliers étincelants, il prend conscience de sa vocation et décide de tuer son « vieil homme », c'est-à-dire renoncer à son statut d'adolescent protégé.

Lors de la rencontre avec Gornemant il fait aussi un choix essentiel, car c'est Gornemant que Perceval a choisi pour être adoubé. Arthur l'a déçu, « est-ce là le Roi qui fait les chevaliers ? » a-t-il demandé, après l'épisode de l'affront à Guenièvre, un affront qu'Arthur n'a pas été capable de laver lui-même. En choisissant Gornemant, Chrétien souligne la dimension non féodale de la Chevalerie. Perceval va rester tout au long de l'histoire fidèle à Arthur auquel il enverra tous les adversaires qu'il a soumis. Mais ce lien de « vassalité » n'oblige pas le candidat chevalier à être adoubé par son seul suzerain. L'adage « Seul un chevalier peut faire un chevalier » prend une dimension spirituelle toute particulière. Le candidat doit être adoubé par celui qui lui en semble le plus digne. Il s'agit bien de l'entrée dans un Ordre, gouverné par l'honneur. Quand Raymond Lulle, cent ans après Chrétien de Troyes, fera paraître son « Livre de l'Ordre de la Chevalerie », il emploiera sans cesse l'expression de « haut honneur de chevalerie »[59].

Mais le choix le plus important c'est celui qu'il fait devant la demoiselle hideuse, quand il s'engage à ne plus dormir deux nuits de suite au même endroit, tant qu'il n'aura pas retrouvé le château du Roi Pêcheur (vers 4658). C'est à ce moment qu'il prend réellement conscience de son péché et du sens du devoir envers les autres. L'aventure de Perceval a d'abord son utilité pour les autres. Il fait œuvre de rédemption, et rejoint l'idéal exprimé par la devise de l'Ordre du Temple : « Non nobis Domine » « pas pour nous seigneur » (tirée du psaume 113B). La seconde dimension de ce choix est une prise de conscience : la vertu est la clé d'accès à ce monde merveilleux qui doit rendre à l'homme le bonheur originel.

Nous retrouvons encore trois stades typiques d'un parcours initiatique :

• après la rencontre avec les cinq chevaliers, Perceval devient un « cherchant », c'est-à-dire qu'il va se mettre en route pour aller trouver ce Roi qui « fait les chevaliers ».

• avec Gornemant il devient « souffrant », car il mesure tout le travail qui lui est nécessaire pour maîtriser le métier des armes.

• avec la Demoiselle Hideuse il s'engage sur le chemin des « persévérants », où la constance et la ténacité offrent à celui qui a le cœur pur, l'accès aux mystères.

Le désir et le courage de Perceval vont alors être mis au service de son intelligence et c'est auprès de l'Ermite que l'ultime condition de son succès sera remplie.

Pour retenir de cette quatrième triangulation une image récapitulative, appelons la celle des « **trois carrefours** ».

Le **premier carrefour** est celui des cinq chevaliers « étincelants ». Perceval est confronté à un choix entre deux destins :
• celui que lui propose sa mère, qui est de rester à l'écart de la chevalerie.
• celui que lui dicte son instinct : suivre les chevaliers et devenir l'un d'eux.

Le **deuxième carrefour** est celui de Gomemant. Il s'agit pour Perceval de choisir quel type de combattant il souhaite devenir :
• un simple « miles » au sens archaïque, c'est-à-dire un soldat sans idéal, un mercenaire.
• un chevalier intégrant en plus du courage viril, les obligations morales qui incombent à
ceux qui ont reçu « l'Ordre de Chevalerie ».

Le **troisième carrefour** est présenté par la Demoiselle Hideuse. Perceval a quitté sa mère, il est entré dans les « voyages » de l'initiation. Il est devenu un chevalier. Il lui reste toutefois à déterminer quel type de chevalier il sera. Les deux routes qui se présentent devant lui sont celle de la chevalerie « terrestre » et celle de la chevalerie « céleste ».
Service des hommes ou service de Dieu sont le nom de ces deux routes, et une fois de plus nous sommes confrontés à une analogie Templière, car l'Ordre du Temple est le modèle de la résolution de ce dilemme.

Le labyrinthe de la Cathédrale de Chartres

Synthèse des quatre triangulations

Le « Perceval » de Chrétien de Troyes traite d'un Fait de société : la Chevalerie. Il analyse ce fait autour de quatre points d'observation, les points « cardinaux » de notre cercle, sur lesquels quatre triangles équilatéraux viennent éclairer la recherche. La méthode d'analyse traditionnelle implique d'examiner successivement :
- le Fait
- l'ambiance dans laquelle il se produit,
- la cause (ou les causes)
- le ou les résultats

Le fait chevaleresque

Il est exposé en particulier dans la quatrième triangulation. La chevalerie est présentée comme un parcours initiatique dont le héros est successivement en position de cherchant, de souffrant, et de persévérant. Parvenu au point de « la demoiselle Hideuse », qui est le quatrième, le deuxième degré de l'initiation est atteint. Perceval a coupé les ponts avec sa vie d'adolescent, il s'est mis en route après le meurtre du « vieil homme » figuré par la mort de sa mère. Il a ensuite fait les preuves de son courage (Chevalier Vermeil et Gornemant) en acceptant d'affronter les épreuves requises dans tout parcours initiatique.

Il a été confronté aux mystères, par les symboles de la procession du Graal. Il est alors devenu conscient de sa propre réalité (découverte de son nom et de sa responsabilité personnelle dans la pratique vertueuse).

Le dernier stade est préparé par l'Ermite (purification, réception d'un enseignement secret) et doit lui permettre d'assimiler le symbolisme du Graal, pour sauver l'humanité déchue.

L'ambiance des trois suzerainetés

Il s'agit de répondre à la question : « une chevalerie pour quoi faire ? ». La chevalerie ne remet pas en cause les structures traditionnelles de l'État. Perceval est un modèle de loyauté aussi bien envers son suzerain (Arthur) que vis-à-vis de l'Église. La troisième suzeraineté est celle des vertus, qui se traduisent pour le chevalier par l'exigence d'une conduite courtoise, et la pratique permanente de l'assistance à tous ceux qui souffrent. Soumis au Monde, soumis à Dieu et soumis au Roi, le parcours du chevalier « céleste » exige un haut niveau de maturité et d'élévation spirituelle.

Les causes de ce dispositif

Le monde dans lequel évolue le chevalier est imparfait, et frappé du péché originel. La victoire que le héros devra remporter sur les « Obstacles » (cf. 1re triangulation), permettra de laver ces fautes et d'offrir à l'humanité déchue la rédemption grâce à l'exemple que lui donnera cette élite nouvelle que constitue la chevalerie.

Les résultats escomptés

La troisième triangulation nous les présente. Il s'agit de bâtir un monde idéal, attentif à la parole de Dieu et dont les chevaliers seront les intercesseurs permanents. Devoir de charité envers ceux qui souffrent, d'espérance en l'aide de Dieu, et de foi vivante animée par la pratique de l'eucharistie. À l'époque de la rédaction du Perceval de Chrétien, l'Église mène un vaste projet social dont la chevalerie sera un élément-clé. Elle espère reprendre le contrôle de l'élite laïque du Pays en appuyant la création d'une nouvelle caste. Pour cela, il a fallu modifier sensiblement l'échelle des valeurs médiévales et chrétiennes. En particulier réaffirmer la noblesse du métier des armes, dont il est bien difficile de trouver la justification dans les évangiles, qui ont produit plus de martyrs que de soldats de la Foi. Or, le monde des XIe et XIIe siècles ressent un besoin urgent de structuration militaire. Il faut lutter contre les barbares (les invasions normandes sont encore présentes dans les esprits), il faut contenir les hérétiques à l'intérieur et les infidèles à l'extérieur. Et puis surtout, il faut amener un peu de sang neuf dans cette noblesse qui se transforme en haute administration, et qui perd le contact du terrain.

L'essor de la chevalerie date exactement de cette époque[60]. La tentative de main mise de l'église sur elle, entre dans un plan d'action qui comprend d'autres volets comme le développement du culte marial, la mise au point du dogme de l'Eucharistie.

Beaucoup ont vu dans ce plan d'action la volonté de l'église de prendre l'intégralité du pouvoir, aussi bien le Potestas que l'Auctoritas. Cet objectif a existé c'est indéniable, mais avant tout il s'agissait pour l'Église d'assurer sa survie en tant que religion dominante, d'abord au sein de l'Occident, puis dans le bassin méditerranéen.

Chrétien de Troyes sera pour l'Église un allié précieux dans l'atteinte de ces objectifs. Par son talent littéraire, il va propager cette doctrine d'une nouvelle élite militaire au service de la foi. Et il saura le faire très habilement, en « christianisant » d'antiques légendes celtes. Chrétien, le premier, introduit le Graal dans cette symbolique, et après lui, les continuateurs vont décliner ce thème avec de plus en plus de précision et de plus en plus de références à l'histoire chrétienne. Vase merveilleux contenant l'hostie dans un premier temps, le Graal va devenir une relique sainte de la Cène et de la passion. L'extraordinaire densité du trafic des reliques à cette époque prouve quelle importance leur possession revêt, aussi bien pour les laïcs que pour les clercs. Les trois éléments de la procession du Graal (Lance de Longin, Tailloir de Salomé, et Graal de Joseph d'Arimathie) constituent les reliques les plus prestigieuses que l'on puisse imaginer (avec la vraie Croix, le Suaire et la couronne d'épines). La lance de Longin a été retrouvée dit-on lors de la croisade et fut ramenée à St Omer. Le Graal aurait été rapporté à Glastonbury (l'abbaye était supposée avoir été érigée à l'emplacement même du tombeau d'Arthur et Guenièvre). De même le Saint Suaire fut ramené probablement à la suite du sac de Constantinople en 1204.

On peut légitimement se demander si l'Église n'a pas tenté, à travers ces reliques, de mettre en garde les princes féodaux en faisant planer sur eux la menace de l'instauration d'une nouvelle dynastie, dont la légitimité remonterait au Christ et les reliques seraient les preuves.
Et le bras séculier de cette dynastie aurait été la chevalerie. Ceci n'est bien sûr qu'une hypothèse que je vous livre afin d'alimenter votre réflexion.

Au demeurant, la symbolique du Graal relève d'un grand dessein social et religieux, dont les auteurs littéraires ne sont que les instruments. On aperçoit au travers des différents textes la sous-jacence d'une bataille littéraire. La récente dynastie anglaise des Plantagenêt y cherche une légitimation en assimilant son origine symbolique aux exploits d'Arthur et de la résistance anti-saxonne. Ainsi, comme cela est visible sur la Tapisserie de Bayeux, les Plantagenêt ont porté l'étendard au Dragon lors de la bataille d'Hastings en 1066. Ce dragon qui était l'emblème d'Arthur, fils d'Uterpendragon.

Pour la dynastie franque puis capétienne, il s'agit de conforter le rôle de fille aînée de l'Église en introduisant les valeurs chrétiennes dans le mythe. Le Saint Empire y développera lui aussi sa propre spécificité, avec Wolfram d'Eschenbach qui puisera de nombreuses

Saint Bernard, abbé de Claivaux

Le vieux royaume Burgonde devient un glacis stratégique entre la France et l'Empire, entre les Celtes et les Saxons. Les comtes de Champagne sont ainsi appelés à jouer un rôle déterminent dans la construction féodale. Leur fidélité à la couronne de France n'a jamais failli. Elle fut confortée par les mariages multiples alliant les deux maisons (Régine Pernoud : « Aliénor d'Aquitaine »). C'est donc en terre de Champagne que se développe la légende du Graal à la commande de la maison de Champagne et par le talent d'un poète local (Chrétien de Troyes). C'est aussi en Champagne, au concile de Troyes que s'arrêtent les grands desseins de l'Église avec la création de l'Ordre souverain du temple, véritable bras armé de la Foi. C'est juste à côté, en Bourgogne, que se produit le rayonnement cistercien de saint Bernard dont les idées vont se répandre dans toute l'Europe à une vitesse inouïe.

C'est en continuant l'examen des douze personnages au sein des figures géométriques que nous trouverons la lumière qui nous est nécessaire.

V

LES HEXAGONES

Nous voici parvenus au terme annoncé de notre analyse géométrique. Après les diamètres, les carrés et les triangles nous ont montré quelle précision régissait la construction géométrique du texte de Chrétien de Troyes. Les hexagones ne failliront pas à cette règle.

Sur un cercle divisé en douze points équidistants, on peut construire deux hexagones, c'est-à-dire deux figures comprenant six côtés égaux. J'insiste bien sur le fait qu'il s'agit de polygones réguliers, comme le sont les carrés ou les triangles. À ce titre il faut retenir deux observations capitales :

• en tant que polygones réguliers ils représentent une division exacte de la circonférence alors que d'autres (l'heptagone par exemple) ne sont que des approximations de celle-ci ce qui les exclut de toute signification spirituelle.
• en tant que diviseurs exacts de la circonférence ils peuvent se construire avec les deux outils tradi-tionnels que sont l'équerre et le compas, et l'égalité de leurs côtés se démontre aisément, selon les

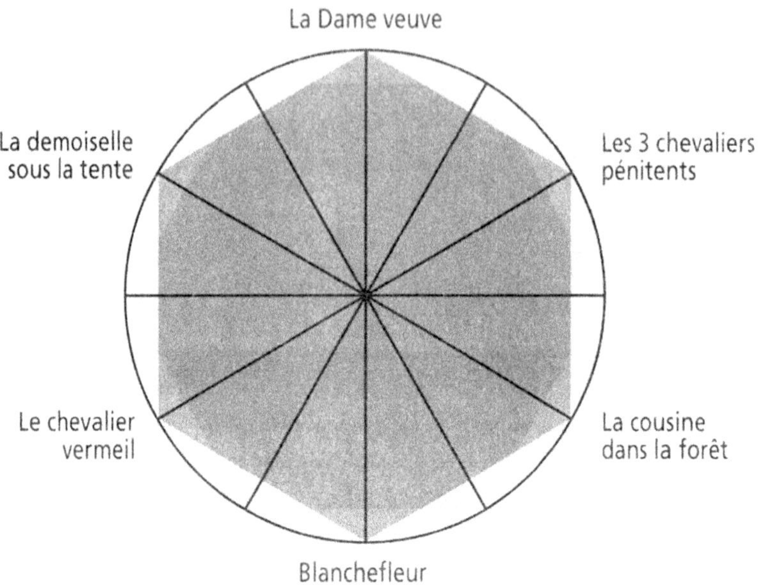
La Dame veuve
Les 3 chevaliers pénitents
La demoiselle sous la tente
La cousine dans la forêt
Le chevalier vermeil
Blanchefleur

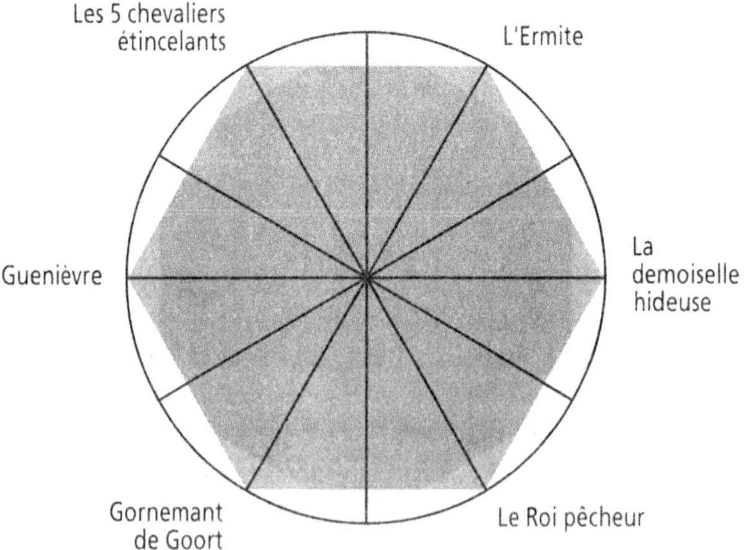
Les 5 chevaliers étincelants
L'Ermite
Guenièvre
La demoiselle hideuse
Gornemant de Goort
Le Roi pêcheur

méthodes établies par Euclide (« les Éléments », où ces choses sont exposées en toute clarté).

Ces deux hexagones ont pour particularité d'être construits chacun sur un diamètre.
Ainsi le premier a pour axe le diamètre
Dame veuve ↔ Blanchefleur
et le second le diamètre
Guenièvre ↔ Demoiselle hideuse.

Premier Hexagone : celui qui est construit sur le diamètre Vertical.
Observons les personnages qui figurent sur ces sommets. Ce sont successivement : la Dame Veuve, La Pucelle sous la tente, Le Chevalier Vermeil, Blanchefleur, la Cousine dans la forêt, et enfin les Chevaliers Pénitents. Cet hexagone traite des spécificités de Perceval. Les personnages déterminent la personnalité intime du héros, et quatre sur les six sont des femmes. Nous y trouvons les femmes aimées (Dame Veuve et Blanchefleur), les exploits de jeunesse (Pucelle sous la Tente et Chevalier Vermeil), et les chocs de la conscience (Cousine dans la forêt et Chevaliers Pénitents). Ce sont les personnages qui vont intéresser les psychologues qui ne voient dans ce héros que le simple témoin de l'aventure que constitue l'éclosion de la « personnalité »[61].

Second Hexagone : celui du diamètre horizontal.
C'est celui du parcours-type du chevalier-élu. L'axe fondamental de ce polygone va de Guenièvre (la Dame Blanche) à la Demoiselle Hideuse (la Dame

Noire). Il relie Marie à Isis et s'intègre parfaitement dans la stratégie déployée par l'église Romaine, et saint Bernard en particulier, pour apporter dans l'adoration Mariale, l'antidote aux déviances de la spiritualité médiévale. Il ne s'agit plus ici de l'homme-Perceval, mais de celui qui, selon la merveilleuse formule d'Henri Corbin, « nourrit son Dieu ». Corbin veut dire par cette formule que, dans un niveau très élevé de conscience spirituelle, un mouvement de retour vers le haut se produit, image exacte de notre tracé initial, distinguant la « verticale » de la « perpendiculaire »[62].

VI

LE DODECAGONE «ÉTOILÉ»

Il existe deux façons de parcourir les sommets d'un dodécagone :

• la façon «convexe» qui suit la circonférence du cercle. Elle est «ordinale». Dans le zodiaque on atteint ainsi successivement : Bélier, Taureau, Gémeaux, Cancer, Lion, Vierge, Balance, Scorpion (8e signe), Sagittaire, Capricorne, Verseau, Poissons qui est alors le 12e signe atteint. Concernant le texte de Chrétien de Troyes, l'ordre des personnages est ainsi : Dame Veuve, Chevaliers étincelants, Pucelle sous la tente, Guenièvre, Chevalier Vermeil, Gornemant, Blanchefleur, Roi Pêcheur (8e signe), Cousine Demoiselle Hideuse, Pénitents et Ermite qui est le douzième personnage.

• mais il existe une autre façon de parcourir les sommets, sans suivre la périphérie du cercle. Elle consiste à passer par «le chemin de l'étoile» qui atteint aussi tous les sommets, mais dans un ordre différent. Le chemin étoilé n'est pas «erratique» mais bel et bien ordonné. Certains polygones (le

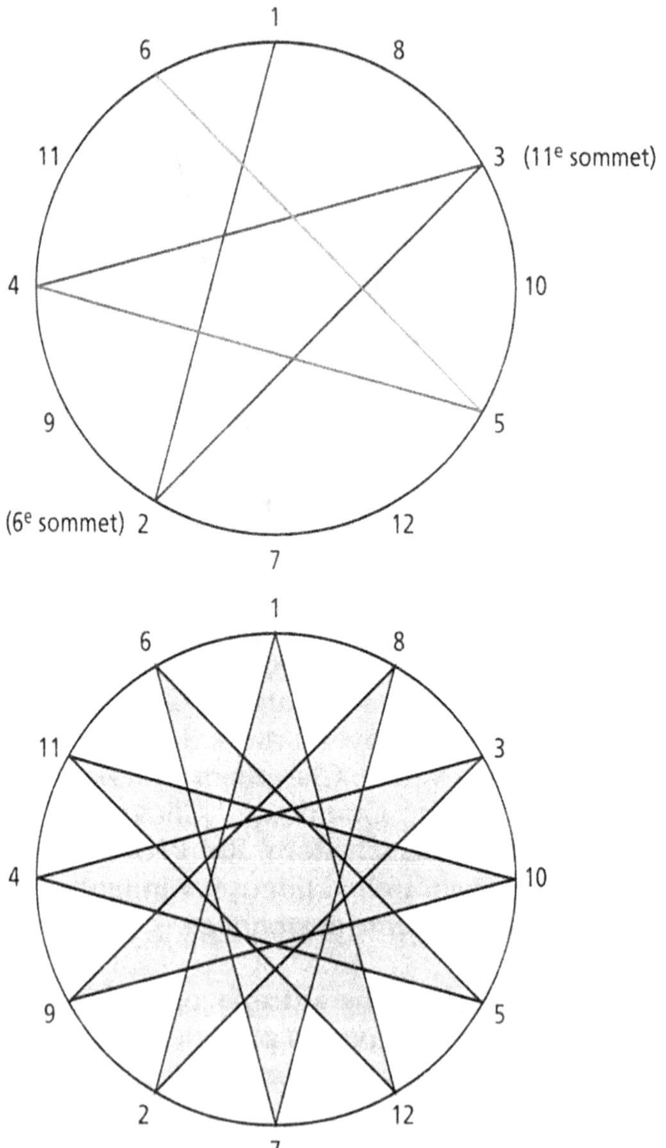

Méthode de construction du dodécagone étoilé.

triangle, le carré, l'hexagone) n'ont pas de voie étoilée. D'autres en offrent plusieurs. Le dodécagone n'en offre qu'une seule, qui consiste à relier le premier sommet au sixième, le sixième au onzième, et ainsi de suite en en « sautant » quatre à chaque trajet. On trace ainsi une étoile, sans lever son crayon et sans passer deux fois sur un même sommet.

Pour les personnages de « Perceval », le douzième et dernier personnage atteint est celui du Roi Pêcheur. Et cela est d'une grande importance. Dans le zodiaque traditionnel (qui commence en Bélier) le douzième point de l'étoile est le Scorpion, huitième dans l'Ordre séquentiel, et connoté à la mort. C'est la raison profonde du caractère « Plutonien » de ce signe. Il semble être le huitième dans l'ordre apparent du zodiaque, mais sur un autre plan, il est le dernier, la fin du cycle, donc la mort. À ce titre, le symbolisme du Zodiaque nous dit « 8 = 12 » et le huit est la figure exotérique du 12.

La construction du Perceval de Chrétien de Troyes n'échappe pas à cette règle. Le 8e personnage est celui du Roi Pêcheur. C'est là qu'il rencontre le Graal, et c'est donc bien évidemment là qu'il doit la terminer, puisque le sous-titre du poème est « li conte del Graal ». Chez Chrétien aussi « 8 = 12 ». Et ceci nous prouve deux choses :
• le Graal est bien destiné à être conquis par Perceval,
• le texte est interrompu alors que la queste est terminée, et l'aboutissement proche.

Parvenu à l'Ermite, il reste en effet à Perceval le retour au point « Dame Veuve », au Capricorne, mais sa mère étant morte, il va y retrouver ce qui lui reste de famille, c'est-à-dire son oncle le Roi Pêcheur. Du reste, vous observerez sur le dessin de l'étoile, que le premier et le 12e signe sont reliés par un trait direct…

Cela signifie que Chrétien n'a peut-être pas « voulu » terminer le livre, car la logique des personnages induit sans hésiter la fin du roman. Et si l'interruption de la rédaction a été fortuite, le lecteur dispose à tout le moins de suffisamment d'indices pour terminer lui-même l'histoire, ce qui est sans doute la meilleure façon de s'identifier au héros.

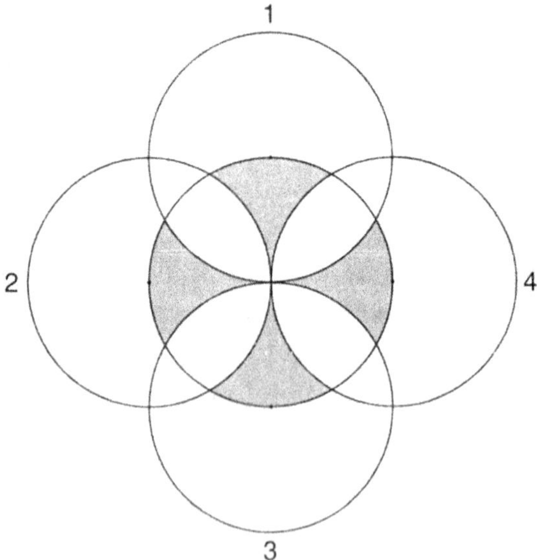

Méthode de construction de la croix pattée.

Pour confirmer cette étrange observation de : « 8 = 12 », vous observerez la méthode de construction de la Croix Pattée, celle qui fut donnée aux « Templiers » en 1148. Les 4 points numérotés 1 à 4 sont nécessaires pour la construction de cette croix, mais ne se voient pas sur le dessin final qui n'en laisse apparaître que 8. Là aussi 8 = 12 et une fois de plus, nous trouvons l'Ordre du Temple, modèle d'une chevalerie « céleste » sur notre route…

Revenons quelques instants sur ce chemin de l'étoile. Il est le parcours caché de Perceval, sur un plan géométrique en général ignoré. La question peut donc être posée, de savoir à quelles références ce parcours étoilé peut se rattacher. Chrétien n'a rien inventé dans cette image. Nous verrons plus loin qu'un autre héros fondamental, Hercule, parcourt aussi le dodécagone étoilé, et qu'il le parcourt également en partant du Capricorne !
Autres voyageurs célèbres : les pèlerins de Compostelle. Compostelle signifie « Campus stellarum » c'est-à-dire le champ des étoiles. Ainsi, le chemin vers saint Jacques de Compostelle est lui aussi un chemin de l'étoile. Et de nombreux auteurs ont montré combien la toponymie des lieux traversés par les pèlerins, confirme ce symbolisme.
Plus ancien que celui des pèlerins est le symbole de l'étoile, qui a annoncé la naissance du Christ. Elle a d'abord guidé les bergers le 25 décembre puis les « mages » douze jours plus tard (l'Épiphanie est fêtée le 6 janvier). On peut ainsi présumer qu'elle avait aussi douze branches… Ces Mages, qui étaient trois,

et qui étaient Rois, nous rappellent les trois Rois qui marquent le parcours de Perceval, c'est-à-dire : Arthur, le Roi Pêcheur et l'Ermite.
C'est alors que la parole du Tao prend toute son ampleur : « La vérité est dans la voie ».

L'étoile disait Pierre Gardère[63] offre un double symbole :
• elle est l'indicateur du chemin par la lumière qu'elle diffuse
• elle est le chemin lui-même par le tracé qu'elle dessine.

Cette analogie de l'étoile et du Graal nous offre une source de réflexion nouvelle. Le miracle de Noël procède de la conjonction d'une figure stellaire et de l'attente des Hommes. Pour Perceval il n'est plus nécessaire de lever les yeux au ciel, de même qu'il n'est pas nécessaire d'étudier l'astronomie pour être un chevalier céleste. Le Graal est descendu sur Terre pour que les élus le contemplent mieux. Sa figure féminine est exaltée dans l'hymne cistercienne « Ave Maris Stella » (salut étoile de la mer), qui nous ramène à la merveilleuse floraison mariale qui marque cette époque. Personne mieux que Bernard de Clairvaux n'a su parler de cette « dame blanche », de la Vierge. Laissons-lui la parole dans ses sermons sur le Cantique des cantiques, au sermon XIX : « *Le nom de la Vierge était Marie, qui signifie étoile de la mer. Est-ce qu'il ne s'applique pas très justement à la Vierge-mère ? N'est-ce pas avec beaucoup de raison qu'on le compare à une étoile ? Tel un astre émet son rayon sans souffrir aucune lésion, telle Marie a mis son enfant au monde sans dommage pour sa virginité. Le rayon sort de l'astre sans diminuer sa clarté, et le fils naît de la Vierge sans blesser son intégrité. C'est cette noble étoile issue de Jacob, dont le rayonnement illumine l'Univers, dont la splendeur brille aux cieux et pénètre jusqu'aux enfers. Elle rayonne sur la terre, réchauffant les âmes plutôt que les corps, ranimant les vertus et consumant les vices. Oui, elle est cette brillante et merveilleuse étoile qui domine heureusement notre mer immense, étincelante de mérites, éclatante de vertus. Ô vous donc, qui flottez sur le courant de ce siècle parmi les orages et les tempêtes, plutôt que vous ne marchez sur la terre, tenez vos yeux fixés sur cette étoile, si vous ne voulez pas sombrer sous les flots. Êtes-vous assailli par les vents des tentations, précipité sur les écueils des tribulations : regardez l'étoile, appelez Marie. Êtes-vous ballotté par les flots de l'orgueil, de l'ambition, de la médisance ou de l'envie : regardez l'étoile, appelez Marie. Tant qu'on la suit, on ne dévie pas ; tant qu'on la prie, on ne désespère pas ; tant qu'on pense à elle, on n'erre pas et ainsi on éprouve en soi-même la vérité de cette parole : le nom de la Vierge était Marie ».*

Quelle stupéfiante beauté et quelle élévation dans ce texte, où la dame blanche est l'étoile qui guide et protège de l'errance. Quelle proximité avec l'itinéraire de notre Perceval !

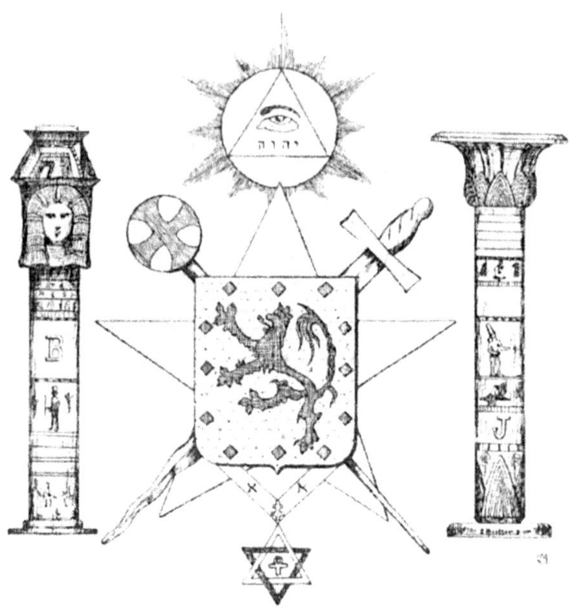

Le blason zodiacal de Guillaume de Saunhac,
Grand Maître du Temple, mort au combat en 1250.
Illustration parue dans l'ouvrage de Cadet de Gassicourt et Roure de Paulin :
« l'Hermétisme dans l'art héraldique ».

On peut relever aussi qu'en Héraldique, une étoile à douze branches est dénommée « comète ».

L'art du Blason cultive une extrême précision dans sa terminologie. Le mot comète est préféré à celui d'étoile pour nous rappeler le caractère fugitif de l'Épiphanie. Les hommes ont la responsabilité de ne pas passer à côté de la révélation. C'est bien cela la « dette » que les Chrétiens ont envers leur créateur.

L'étrange similitude d'Hercule et de Perceval

Perceval parcourt donc la route de l'étoile, celle de la darne Blanche, celle des pèlerins de Compostelle, mais aussi celle d'Hercule. Pour ce qui concerne Hercule, les auteurs grecs nous rappellent qu'avant de se livrer à ses travaux célèbres, les épisodes suivants se sont produits :

1. Sa mère Alcmène est fécondée par Zeus. C'est une veuve comme la mère de Perceval, et c'est en tant que « fils de la veuve » que les 2 héros vont s'engager sur le chemin initiatique.
Appelons le départ une fois encore : « Capricorne ».
2. Alcmène donne naissance à 2 jumeaux mâles (Hercule et Iphiclus) ce qui nous conduit du Capricorne aux Gémeaux. Les enfants dorment dans leur berceau.
3. Hera épouse jalouse de Zeus expédie 2 serpents dans leur berceau pour les tuer. Ces symboles de mort et de serpents nous ont conduits au Scorpion.
4. Hera prise de remord allaite Hercule qui en pressant son sein fait jaillir la voie lactée. Nous sommes en Bélier signe de lumière, dont le fils, l'agneau, né de la Vierge est la lumière des Hommes.
5. Rhadamente, juge des enfers, sous la terre lui enseigne le tir à l'arc. Nous atteignons la Vierge, signe de terre à la flèche pointée vers le bas.
6. Castor lui enseigne le combat armé. La tradition voulait que les exercices de combat se déroulent au bord du fleuve Eurotas. C'est là que Castor et Pollux s'entraînaient, et c'est dans ce même fleuve que les

femmes Lacédémoniennes baignaient leurs enfants, car il était réputé pour procurer la vigueur de l'âme et du corps. De même, la jeunesse d'Elide et de Méssénie, s'exerçait sur les bords de la Néda. Nous sommes donc bien avec Hercule et Castor au bord du fleuve, dont l'idéogramme est celui du Verseau.

7. Linus, fils d'Ismenius, lui enseigne la musique avant d'être tué par lui. Or Linus est de la lignée d'Apollon, qui signifie apo-leon soit : « au-dessus du lion ». Cet indice nous désigne le signe du Cancer, qui précède celui du Lion.

8. Il passe ensuite entre les mains de Chiron le Centaure. Il s'agit bien sûr du Sagittaire.

Chiron lui enseigne la médecine, et la Tradition nous révèle qu'il utilisait, entre autres, la musique comme thérapeutique. C'est le même Chiron qui lui enseigne l'astronomie.

9. Suit alors dans la légende une série d'épisodes relatifs à la vie courante de notre héros. Le premier relate qu'un jour, ayant faim, il tua un bœuf et le mangea. Allusion évidente au signe du Taureau. Identité de parcours avec Perceval qui tue aussi le Taureau en la personne du Chevalier Vermeil.

10. Un autre jour, ayant soif, il fallut deux hommes pour porter son gobelet énorme. Nous serions au signe de la Balance qui annonce la dualité des 2 hommes, ainsi que l'hésitation. Quelle hésitation ? La réponse nous est donnée au stade suivant.

11. Il rencontre deux femmes entre lesquelles il doit effectuer un choix. Ce sont Vénus et Minerve. Nous sommes donc bien en Poissons puisque ce signe évoque la dualité des tendances contraires et non

synergétiques comme les plateaux de la balance. Notre Héros doit en effet choisir entre la luxure (Vénus) et la Vertu (Minerve). C'est exactement le message de saint Bernard aux chevaliers de son époque, tel qu'il est explicité dans le « de laude novae militiae ». Or, Vénus est attribuée en astrologie au signe de la Balance et c'est le signe qui précède les Poissons dans le dodécagone étoilé. Quant à Minerve, vierge vertueuse et déesse de l'ardeur guerrière, elle est située à la fois en Lion (signe qui suit les poissons dans le dodécagone étoilé) et en Vierge (signe situé en face des Poissons).

12. Nous arrivons alors au douzième point qui est nécessairement celui du Lion, et qui correspond à la fin du parcours initiatique d'Hercule.

L'hypothèse du point de départ en Capricorne s'est vérifiée au fil des événements, pour amener notre héros au point du Lion qui est la synthèse de la force et de la lumière (signe de Feu). Le Lion est aussi dans certaines traditions le premier des douze travaux. La fin du premier parcours est donc le début du second.

Cette réflexion n'a pas l'ambition de vous expliquer le message qui sommeille dans le mythe d'Hercule, mais de vous montrer son organisation géométrique, qui est identique à celle du *Conte del Graal* de Chrétien de Troyes. Hercule parcourt donc 2 zodiaques successifs. Le premier, que nous venons d'analyser, est celui du parcours initiatique. Le second est celui des travaux, qui sont également 12 et qui relèvent aussi

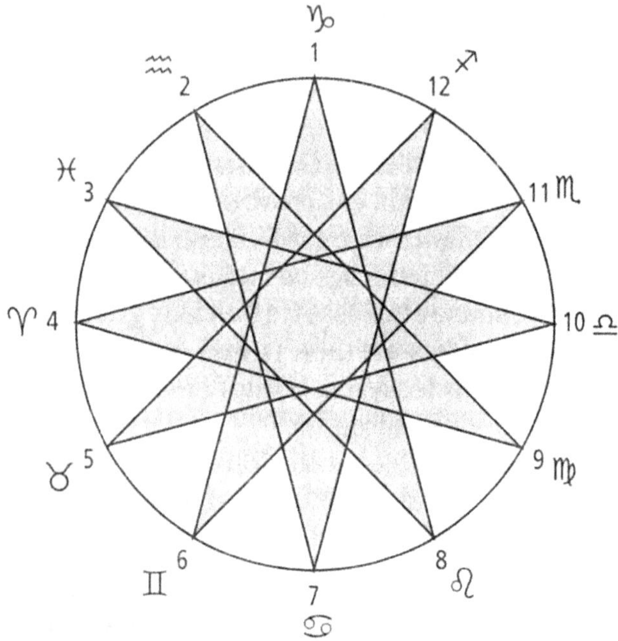

Ordre de succession des sommets sur un dodécagone étoilé
1, 6, 11, 4, 9, 2, 7, 12, 5, 10, 3, 8.

d'un parcours zodiacal, qui n'est ni convexe ni étoilé. Nous aurons l'occasion, un autre jour de revenir sur le sens du second parcours, dont la signification est magique et énergétique. Retenons simplement à ce stade que l'initiation d'Hercule ne se fait pas pendant les travaux mais avant ceux-ci. La signification des 12 travaux n'est donc ni initiatique, ni astrologique puisque le second parcours s'effectue dans un ordre qui paraît erratique, à l'inverse de celui de Perceval qui est exactement ordonné sur la succession zodiacale. Il s'agit en fait de montrer ce qu'un initié peut accomplir, dès lors qu'il possède toutes les clés de la haute science.

Nous avions commencé par un rapprochement des mythes d'Hercule et de Perceval. C'est donc par là qu'il convient de finir. À l'identique du premier parcours d'Hercule, celui de Perceval est aussi un parcours initiatique. Le vrai travail de Perceval est de rétablir le royaume du Graal. Mais il ne peut y parvenir avant d'avoir accompli sa formation initiatique. Il en va de même pour Hercule. Il en va de même aussi pour un apprenti Maçon dont le premier geste d'initié consiste à travailler sur la planche tracée, par trois coups de maillet.

Notons à ce propos que dans l'épisode du choix entre Vénus et Minerve, Hercule s'est préparé par un isolement et une vie d'ermite. Perceval termine aussi son parcours par un séjour chez l'ermite. Le stade ultime de l'initiation est donc bien la découverte de la vertu. C'est sur ce mot « vertu » que l'initiation organise ses objectifs. L'initiation dont la vertu constitue l'aboutissement se définit ainsi comme un prélude au travail à accomplir. Nous sommes donc invités à méditer cet enseignement plusieurs fois millénaire et nous rappeler l'humilité qui est la condition préalable de notre efficacité.
Le dernier exemple que nous prendrons de cette étrange structure du dodécagone étoilé, est celui de la gamme des 7 notes de musique. Cette gamme, nous la devons à un moine, Guy d'Arezzo, qui la

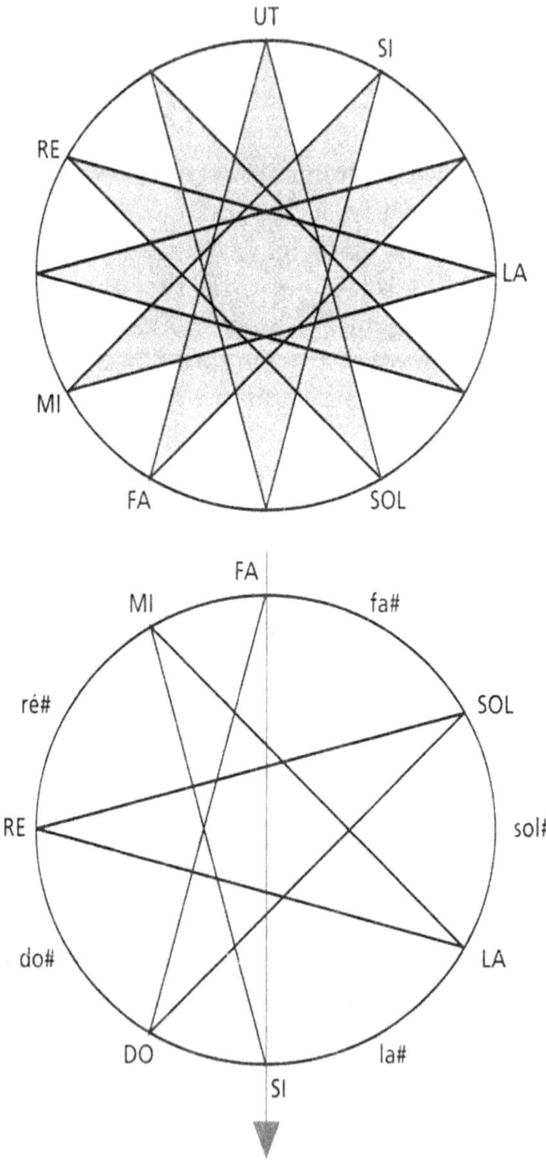

Disposition des notes de la gamme musicale.

conçut en 1050. Notre première observation concernera les 7 notes. Elles sont 7 mais ce chiffre cache une autre structure, qui est bel et bien un dodécagone. En effet la gamme comprend 5 tons et 2 demi-tons, ce qui fait un total de 12 demi-tons. Et une fois de plus, le nombre 12 est caché, comme dans la croix pattée templière. Mais il faut faire une autre observation, bien plus stupéfiante :

Plaçons d'abord notre gamme sur un cercle représentant les 12 demi-tons qu'elle contient.

Seules deux notes sont diamétralement opposées : le Fa et le Si. Ce sera par conséquent le diamètre qui établit la gamme. Il faut savoir que cet intervalle « Fa-Si » était appelé « intervalle du Diable ». Diable et diamètre ont la même origine sémantique : la racine grecque « dia » qui veut dire : séparer, répartir. Le diamètre « Fa-Si » est en effet celui qui permet la répartition des 7 notes sur les 12 points des demi-tons. Comment cela ?

Tout simplement en appliquant le dodécagone étoilé. Partant de la note « Fa », nous arrivons au « Do » puis « Sol, Ré, La, Mi, et enfin le Si ». Les cinq autres points qui restent à parcourir sur le dodécagone, distribueront les dièses (fa-do-sol-ré-la). Cela paraît d'une simplicité Biblique et le mot « Biblique » est juste, puisque le nom des 7 notes a été attribué par Guy d'Arezzo et prélevant chaque premier phonème des vers de l'Hymne à saint Jean « Ut queant laxis ».

La présence de saint Jean n'a rien d'étonnant. Qu'il s'agisse du Baptiste qui rendit témoignage à la lumière, ou de l'évangéliste qui témoigna de la lumière, nous restons les yeux fixés vers le ciel et vers l'étoile qui y brille, pour guider Perceval, Hercule, ou nous tout simplement.

Quelle conclusion pouvons-nous tirer du modèle chevaleresque proposé par le *Perceval* de Chrétien de Troyes ?

Il est effectivement flagrant que « Perceval » préfigure le modèle chevaleresque vers lequel tend la société médiévale. Je dis bien préfigure, car à l'époque de sa rédaction (1180), la partie rituelle de l'adoubement n'est pas encore figée. La trace d'adoubement la plus ancienne que l'on connaisse date de 1085. Le cérémonial de remise des éperons n'apparaît qu'en 1200 dans les rites chevaleresques (mais il existe dans les cérémonies du sacre des Rois) et la « collée » n'apparaît qu'en 1300. Ces repères ont été minutieusement décrits par Jean FLORI dans son ouvrage : « l'essor de la chevalerie aux XIe et XIIe siècles »[64].

Perceval apparaît à l'époque où le rite se constitue, et ce rite ne sera « bouclé » c'est-à-dire complet et définitif, que 100 ans plus tard. Pendant cette période de cent ans, les chevaliers vont affirmer leur statut social. Ils vont se voir attribuer un pouvoir de « police » pour la protection des pauvres des veuves et des orphelins ainsi que la protection de l'Église. Ce pouvoir, les princes carolingiens « *duces francorum* » et autres, ne peuvent plus l'exercer. Alors ils le délèguent, et la nouvelle caste des chevaliers se démarque de l'ancien ordre des combattants (pugna-

tores) et prenant soin d'exprimer tout l'aspect moral
de leur mission. Leur statut va donc s'élever, s'ano-
blir et la caste des chevaliers va rejoindre celle des
nobles, qui finira par l'annexer. En parallèle de cette
élévation, le rite va s'enrichir, se complexifier, et
aboutir à un sacrement.

Dans son texte, Chrétien de Troyes ne nous présente
qu'une cérémonie très simple de l'adoubement de
Perceval. Du reste Perceval ne sait même pas qu'il
n'a pas été adoubé selon le principe de l'ordination
de l'époque. Il dit à Gornemant qu'Arthur l'a fait
chevalier (vers 1317) ce qui est inexact car personne
ne lui a remis ses armes. Mais comment pourrait-il
le savoir ?
C'est donc Gornemant qui sera en charge de mettre
en œuvre le cérémonial. Il est décrit avec précision
aux vers 1582 à 1595. On y relève : un enseignement
moral et religieux, et un cérémonial en trois parties :
La remise de l'éperon droit, la remise de l'épée, et
le baiser. Aucune trace de veillée d'armes, de bain,
de bénédiction ni de collée.

Il faudra donc que Perceval comble lui-même les
lacunes de cette simplicité excessive de son entrée
dans l'Ordre. La queste sera pour lui cette formation complémentaire. Elle aboutit avec
l'Ermite à la découverte de la dimension spirituelle
et religieuse de sa mission. Mais ce parcours lui a
pris cinq ans, et encore devait-il être par sa prédestination apte à franchir rapidement ces obstacles. Le
rituel servira en quelque sorte à épargner aux

nouveaux chevaliers, de s'astreindre à de tels parcours. Il permet de passer directement à la phase spirituelle de l'enseignement. Il faut comprendre qu'à cette époque, seul un rituel peut caractériser l'important. Ce qui n'est pas rituel ou sacramentel est par définition secondaire. L'intérêt du texte de Chrétien sera de matérialiser les étapes du perfectionnement moral, qui pourront être reprises et « ritualisées » par la suite.

La dimension religieuse de la mission chevaleresque est essentielle. Mais malgré des efforts constants, l'Eglise ne parviendra jamais à « annexer » ce rite qui restera profondément laïque, tout en véhiculant l'enseignement spirituel. Les adoubements ecclésiastiques resteront l'exception. Ils s'expliquent par les traces des adoubements des princes où l'Église intervient par tradition, et aussi par l'existence de « Princes évêques » ayant le double statut laïque et Clérical (essentiellement dans le St Empire).

L'église s'est elle-même identifiée à la chevalerie, et saint Bernard a coutume d'appeler ses moines la « militia Christi » [65]. Il s'agit là d'un revirement de taille de la doctrine chrétienne. Les premiers Chrétiens étaient résolument antimilitaristes. Origène condamnait l'état militaire de même que Tertullien. Il fallut attendre saint Augustin pour qu'à l'exception, une guerre fût déclarée légitime. Puis, lentement, l'Église a posé son emprise sur la classe des combattants.

Paix de Dieu, Trêve de Dieu, ouverture spirituelle
de la chevalerie, création des ordres militaires, furent
ses armes. Saint Bernard savait bien qu'il entrait
dans ces ordres militaires, et au Temple en particulier, des bataillons de chevaliers pillards et
paillards[66]. Mais il considère que leur entrée dans
les ordres est une bénédiction pour la société civile
(qui s'en débarrasse) et pour la chrétienté qui s'ali-
mente ainsi de combattants courageux et efficaces
(*de laude novae militiae*). Pour ceux qui n'entrent ni
dans les ordres religieux ni dans les armées des croisades, la seule solution sera de donner à leur
« métier » une dimension plus spirituelle. C'est bien
cela la tentative de l'église du XIIᵉ siècle, œuvre à
laquelle Chrétien de Troyes a apporté une forte
contribution. Le modèle proposé de chevalerie, est
très éloigné de ce que nous appelons aujourd'hui
l'état de droit. Il s'agit, à l'inverse, de constituer une
société de « Devoirs » (comme dans le compagnonnage, qui prendra ce terme comme nom générique).
Relisons les passages de la Dame Veuve, de
Gornemant, de la Demoiselle Hideuse ou encore de
l'Ermite. Il n'y est question que de devoirs. Et notre
Perceval, héritier d'une lignée Royale, investi d'une
mission essentielle pour l'avenir des hommes, doit
vivre de charité d'hospitalité, d'expédients (parfois
de larcins) car il n'a aucune préséance et aucune
ressource.

Si l'on en croit les historiens, l'histoire de la chevalerie se déroule en étapes comme suit :

• D'abord nous assistons à la déliquescence du pouvoir central (carolingien). C'est l'image du Roi Pêcheur.

• Les grands féodaux ne réussissent pas mieux dans cette tâche (image d'Arthur impuissant à venger Guenièvre).

• Le développement s'avère nécessaire d'une organisation « sur le terrain » (image des 5 chevaliers).

• Cette organisation fait appel à des « milites » qui sont d'anciens serfs (Chevalier Vermeil)

• Elle monte en puissance en raison de l'importance croissante accordée à la fonction militaire (demoiselle sous la tente).

• En parallèle, se densifie le rituel d'adoubement (Gornemant)

• Une forte christianisation apparaît dans la cérémonie avec une volonté évidente pour l'église de mettre cette nouvelle caste sous sa férule (chevaliers pénitents)

• Les nobles « historiques » (les officiers carolingiens) maintiennent leur participation à cette caste (Blanchefleur)

• L'adoubement est alors réclamé par la noblesse (demoiselle Hideuse)

• La fonction militaire trouve sa pleine exaltation dans les croisades (Perceval)

• Le réseau mis en place est bloqué par la cooptation faisant de plus en plus appel à l'hérédité et de moins en moins à la valeur individuelle (Ermite)

• Stade ultime : l'absorption de la chevalerie dans la noblesse héréditaire (Cousine).

Nos personnages illustrent parfaitement l'histoire de la chevalerie, telle que nous la décrivent les historiens modernes. Adouber vient du verbe « dubban » qui signifie frapper. Le rite a pour mission de frapper l'esprit, et l'histoire de Perceval nous livre les étapes de ce qui sera le rite et l'histoire même de la Chevalerie.

Le gonfanon « Baussant » et la devise du Temple.
Dessin paru dans « La clé universelle des sciences secrètes » de P. V. Piobb.

3e PARTIE

Les autres éléments symboliques

*J'ai achevé ma course,
J'ai gardé ma foi.
Il me reste à attendre
La couronne de Justice
Que me donnera le Seigneur.*

*Saint Jérôme « Lettre à Eustochium »,
d'après saint Paul Cor. II.*

Nous venons de passer en revue, par le détail des figures géométriques, l'ensemble de la construction intellectuelle du « Conte del Graal ».

Ce travail a révélé plusieurs filiations principales de l'œuvre. En particulier, et à plusieurs reprises, nous avons été confrontés :
• aux sources chrétiennes du roman
• à l'enseignement de saint Bernard (en particulier aux références qu'il affectionne pour le Cantique des cantiques et l'Apocalypse)
• au modèle constitué par l'Ordre du Temple.

Les apports symboliques sont permanents ; par exemple, la ressemblance de certains personnages avec les arcanes du Tarot de Marseille, les nombres qui émaillent le récit et qui ne peuvent être fortuits après ce que nous avons découvert de sa rigueur géométrique. Nous avons également remarqué une présence continuelle de la symbolique des couleurs.

Ainsi, et en complément de l'étude des formes géométriques, il paraît nécessaire de revenir aux symboles principaux de ce texte. Sans y consacrer une étude aussi minutieuse que pour la structure géométrique, nous y rechercherons toutefois la confirmation des idées dégagées par les polygones.

Le matériau symbolique du « Conte du Graal » est d'une telle densité, que nous devrons nous résigner à limiter cette exploration aux quatre thèmes principaux suivants :

• l'enseignement de saint Bernard de Clairvaux

• le texte du Cantique des cantiques (ou Cantique de Salomon)

• l'Ordre du Temple

• la filiation du « Christ-Roi »

I

LA PENSÉE
DE SAINT BERNARD DE CLAIRVAUX

L'imbroglio féodal des provinces
de Bourgogne, de Flandres et de Champagne

Chrétien de Troyes est un Champenois, dont le « Perceval » est écrit à la commande de Philippe d'Alsace qui est comte de Flandres. Le duché voisin de Bourgogne protège la floraison cistercienne, et par conséquent la croissance de l'Ordre du Temple dont les fondateurs sont Champenois (Hugues de Payns) Bourguignons (André de Montbard) ou Flamands (Geoffroy de saint Omer). Voilà pour camper le décor de cette gestation.

La Champagne

Pour revenir à l'Histoire, il faut savoir que le comte de Champagne Hugues de Troyes avait vendu son comté à son neveu Thibaud de Blois, en 1125, pour entrer dans l'Ordre du Temple. Et c'est en 1130 que saint Bernard rédige le *de laude novae militiae*, un texte à la gloire de l'Ordre qui fustige sévèrement

Saint Bernard (1090-1153)
tenant dans ses mains l'abbatiale de Clairvaux. Tableau du XVIIe siècle.

les mœurs dépravées des chevaliers de l'époque. Le produit financier de cette vente aurait d'après certains auteurs[67] été versé à Hugues de Payns, pour financer les travaux de fouilles que l'Ordre avait commandés sous l'esplanade dite du Temple de Jérusalem. Rien d'étonnant à cela puisqu'Hugues de Payns était le vassal le plus sûr du comte de Champagne. Il l'avait représenté lors de la première croisade, à laquelle son suzerain n'avait pas pris part. Le successeur d'Hugues, Thibaud de Blois est un érudit d'exception. Il fut le protecteur de Garin de Troyes, l'architecte de Fontenay (en Bourgogne) et l'ami de saint Bernard auquel il avait ouvert son exceptionnelle bibliothèque. Petit-fils de Guillaume le Conquérant, et neveu du Roi d'Angleterre (Henri Beauclerc) il fait épouser par son fils (Henri le libéral) la fille du Roi de France : Marie de France, première femme écrivain de notre histoire, Marie de France est restée célèbre pour son œuvre poétique et en particulier pour ses « Lais », poèmes Bretons où elle relate la légende d'Arthur.

Les Flandres

Le comté de Flandres fut administré de 1157 à 1191 par Philippe d'Alsace. Ce comté est l'image même de l'imbroglio que le régime féodal a tissé au fil des siècles. Le comte de Flandres Philippe d'Alsace relevait, pour une partie de ses possessions de la suzeraineté du Roi de France, et pour l'autre (rive droite de l'Escaut et province d'Alost) de celle du Saint Empire de Frédéric Barberousse. Les deux suzerains furent près d'en venir aux armes en 1181, à propos d'un différend qui opposait Philippe d'Alsace à Philippe Auguste[68]. Philippe faillit même réussir le tour de force d'avoir un troisième suzerain en la personne du Roi d'Angleterre, car Henri le jeune fils d'Henri II, en lutte contre son père, lui avait promis le comté de Kent en échange de son appui ! Comme le comte de Flandres, celui de Champagne était vassal du Saint Empire pour ses possessions entre Marne et Meuse, et le comte de Toulouse avait rendu hommage à Frédéric Barberousse pour le marquisat de Provence.

Les Bourgognes

La même complexité se dessine dans le duché de Bourgogne vassal du Capétien et dans le comté Palatin de Bourgogne vassal de l'Empire (ce sera plus tard la Franche-Comté). Terre natale de saint Bernard (sa mère est de Montbard, la ville la plus proche de Fontenay, et son père de Fontaine près de Dijon) la Bourgogne est le centre d'éclosion d'une civilisation brillante, dont l'architecture est le plus beau fleuron.

Point commun de ces trois provinces : leur situation riveraine de l'Empire et du Royaume Franc et l'ambiguïté de leurs relations féodales avec ces voisins puissants. Un esprit aussi perspicace que celui de saint Bernard n'a pas manqué de relever cette incohérence. C'est sans doute la raison pour laquelle il a poursuivi le dessein de ramener dans le giron de l'église l'ensemble de la société civile de son époque. Dans les conflits qui opposèrent les grands vassaux de l'Est au Roi de France, Bernard prit souvent le parti des vassaux. Ainsi, lorsque le sénéchal de France, Raoul de Vermandois répudia sa femme (nièce de Thibaud de Blois, comte de Champagne), pour épouser Pétronille, la sœur d'Aliénor Reine de France, il prit le parti de Thibaud contre celui de Louis VII qui approuvait le remariage. Il y eut d'autres exemples de cette « collusion » d'intérêts des vassaux de l'Est. Elle préfigure la constitution de ce grand-duché de Bourgogne, qui faillit plus tard mettre à mal la dynastie Capétienne.

Saint Bernard entre à 22 ans à l'abbaye de Cîteaux[69]. Trois ans plus tard, il fonde Clairvaux dont il devient le premier Abbé. Clairvaux relève à l'époque du diocèse de Langres. Elle est aujourd'hui rattachée à celui de Troyes. Dès sa jeunesse, Bernard voua une dévotion particulière à la Vierge, sans doute en raison de la mort précoce de sa mère Aleth de Montbard. Parvenu aux plus hautes responsabilités ecclésiastiques, il fut l'un des plus ardents artisans du déploiement du culte de la « Mère de Dieu »[70]. Il fit partager cette dévotion par son entourage puisque toutes les églises qui seront construites par les Cisterciens seront dédiées à la Vierge. Nous avons vu plus haut[71] qu'il existe une logique zodiacale pour expliquer cette éclosion, qui apparaît à la mi-course de l'ère des Poissons. Bernard compare la Vierge à une fleur. Elle en est la tige et son fils la corolle de pétales (*Virgo Dei genitrix virga est, flos filius ejus*), ou encore à une fleur des champs (« *flos campi* »). Cette dame-blanche qui ressemble à une fleur est l'image même de l'un des personnages cardinaux du Perceval : Blanchefleur. La virginité de Marie est pour Bernard dans son corps et surtout dans son esprit, et l'étonnante naïveté de Perceval constitue le bain de pureté, le bain-Marie d'où seul le héros peut sortir, le bain que plus tard on fera prendre au candidat à l'adoubement, la veille de sa réception. Pour le monde visible, la Vierge Marie est *superplena et supereffluens*[72] c'est-à-dire surpleine et surabondante, comme ce vase du Graal qui contient assez de nourriture pour soutenir le Roi blessé depuis 12 ans.

La légende de la « lactation »

Concernant les rapports de Bernard et de la Vierge Marie, une bien étrange légende nous est parvenue : un jour d'intense dévotion, il récitait dans l'église de Vorles[73] « l'Ave Maris Stella », dont nous avons parlé, devant la statue de la Vierge. Au moment où il prononçait la phrase « *Monstra tu esse matrem* » (montre que tu es mère), la statue s'anima et pressant son sein, la Vierge fit jaillir 3 gouttes de lait (blanc) sur les lèvres (rouges) de Bernard. Cela se passait un 13 mai et fut consigné par les archives cisterciennes[74]. On pense immédiatement à l'épisode où Perceval s'isole du monde pour contempler trois gouttes de sang (rouge) laissées sur la neige (blanche) par une oie blessée (vers 4116 à 4146). Perdu dans ses pensées, Perceval se rappelle alors Blanchefleur aux lèvres rouges et à la peau blanche. Cette histoire nous livre également un parallèle surprenant avec Hercule, qui fut allaité enfant par Junon, repentante de lui avoir envoyé deux serpents pour l'étouffer. Enfant plein de vigueur, Hercule pressa si fort le sein de sa nourrice qu'il fit jaillir dans le ciel des gouttes de lait qui formèrent la voie lactée. Il existe dans ces deux histoires une grande proximité avec l'image égyptienne d'Isis, représentée au temple de Philae avec la tête couverte et le sein nourricier découvert.

Bernard, dans sa doctrine, enseigne que le salut passe par le Christ. Il recommande avec insistance qu'on en suive « l'itinéraire ». Il existe donc bien dans son esprit un chemin, une pérégrination, qui mène le chrétien de son état originel vers celui de la virginité d'esprit.

L'itinéraire de Perceval est ainsi celui que Bernard recommande. Bernard insiste sur le pouvoir de l'Eucharistie. C'est par ce canal que la grâce divine s'écoule dans l'âme humaine. Mais avant tout, l'homme reste doué de libre arbitre, comme Perceval plusieurs fois confronté à un choix de chemins. « Le vouloir est en nous en vertu du libre arbitre, je dis le "vouloir" et non le "vouloir-le-bien" ou le "vouloir-le-mal". C'est le libre arbitre qui nous fait "vouloir" et la grâce qui nous fait "bien-vouloir". »[75]

Toute l'histoire de Perceval est en fait assise sur cette formule lumineuse. Le bien-vouloir est une grâce que Perceval n'acquiert qu'à l'issue de son voyage initiatique. Son « itinéraire » est sur terre conforme aux nombres qui régissent celui du Christ (12 rencontres pour Perceval et 12 Apôtres, puis douze stades du chemin de Croix pour le Christ).

Le deuxième plan sur lequel nous pouvons nous arrêter est celui de la forme de pensée de saint Bernard. Comme celle de Chrétien de Troyes, elle est organisée selon des figures géométriques précises. Nous avons vu que Perceval menait une « queste » au double objectif de faire de lui un homme « nouveau » (ce qui explique la symbolique zodiacale du « Capricorne ») et dans un deuxième temps, de ramener l'humanité souffrante à son état de pureté originelle.

La sagesse est pour saint Bernard le produit de trois vertus[76] : Justice, joie rayonnante et humilité. Reprenons notre troisième triangulation, celle que j'ai désignée sous le thème des « vertus chrétiennes ». Elle se compose de trois personnages :

• La **Pucelle sous la tente**, à laquelle Perceval rendra justice des mauvais traitements que lui a fait subir son irascible compagnon. C'est la vertu de Justice.
• **Blanchefleur** dont l'amour est pour Perceval une joie et un réconfort. C'est encore à elle qu'il pense en contemplant les trois gouttes de sang sur la neige. C'est la vertu de joie rayonnante.
• Les **Chevaliers pénitents** ont revêtu la tunique de lin blanc et laissé leurs armes en signe d'humilité. Cette démonstration physique de l'humilité marque profondément Perceval, qui décide alors de se rendre chez l'Ermite.

Nous voyons ainsi Chrétien de Troyes emprunter exactement l'un des « itinéraires » de saint Bernard et en particulier sa forme géométrique. Il reprend cette métaphore triangulaire de la sagesse dans son sermon 15 §4 « *Oui tu as trouvé la sagesse si tu pleures sur les péchés de ta vie passée...* » On croit alors entendre la Demoiselle Hideuse apostropher Perceval : « *si tu accordes peu de valeur aux biens que ce monde fait désirer* » et on l'imagine quittant chaque jour le lieu où il se trouve pour pousser sa quête plus loin, « *si ton désir se concentre tout entier sur le bonheur éternel* » (et l'on croit entendre l'Ermite lui parlant de l'Eucharistie).

L'homme nouveau nous dit encore Bernard, passe par trois étapes : pensée, parole, action.
Ces trois stades « collent » parfaitement aux personnages de l'Ermite (pour la pensée), le Roi Pêcheur (pour la parole) et Guenièvre-Arthur (pour l'action). Nous avions déjà repéré ces trois personnages, pour leur position en triangle, et la cohérence de la triple suzeraineté qu'ils signifiaient.

Il y a, poursuit Bernard (Sermon 72 op. cit. DDB), 6 étapes dans le cheminement vers la Justice. Ces étapes correspondent parfaitement à celles de Perceval, et à celle du déroulement d'une procédure initiatique :

La première étape c'est le gémissement du cœur. Pour Perceval, elle se déroule aussi bien lors de la rencontre avec les chevaliers « étincelants » que celle des chevaliers « pénitents ». Dans le processus initiatique ce sera la candidature de l'impétrant.

Deuxième étape : La confession qui est celle de l'Ermite pour Perceval et de l'enquête pour l'impétrant. Troisième étape : la distribution des biens que Perceval effectue à un valet qui l'aide à revêtir l'armement du chevalier Vermeil. Pour le candidat à l'initiation ce sera la remise des « métaux ». Au quatrième stade, Bernard nous invite au labeur du corps et Perceval fait ses « travaux » (défaire le chevalier Vermeil, apprendre avec Gornemant, exécuter son art avec Blanchefleur), de même que le « cherchant » va souffrir et persévérer dans les voyages initiatiques. En cinquième point, Bemard nous conduit au renoncement à la volonté propre qui implique de se soumettre à un guide. Ce sera pour Perceval l'éclairage donné par la Cousine dans la forêt ou la Demoiselle Hideuse. Enfin, et sixième stade, le mépris de la Mort est chez le chevalier comme chez l'initié le moment où il faut prouver son courage et sa détermination spirituelle. Ce stade est fort bien illustré par la devise des Templiers « *Non nobis Domine* » (pas pour nous Seigneur). Elle est tirée du Psaume 113 B de la Vulgate. Ce psaume est l'un des plus souvent cités par Bernard dans les « Sermons Divers » (voir l'index biblique qui figure en fin de l'édition citée de DDB). II n'est pas impossible que ce soit sous son influence que le choix de l'Ordre se soit porté sur ce texte.

Ce qui demeure certain, c'est que la pensée de Bernard est, elle aussi organisée selon des modèles géométriques. Il suffit de parcourir la table des matières de ses œuvres (et en particulier de ses sermons) pour le vérifier. Saint Bernard nous livre des images cardinales ou triangulaires à profusion : Les quatre couronnes du Christ et les 4 mouvements intérieurs (S.50), les 4 pieds du siège des méchants (S.72), les 4 vertus cardinales (S.72), le symbolisme des 4 roues du char (S.72), les 4 sources du sauveur (S.96), les 4 types d'élus (S.99), les 4 formes de l'Amour (S.101), les 4 étapes des élus (S. 103), et les 4 obstacles à la confession (S. 104), les 4 états de la conscience (S.112), les 4 sources du Paradis (S. 117), les 4 degrés de la volonté bonne (S.124).
Les images triangulaires sont encore plus nombreuses et je vous en épargnerai la liste complète. Nous trouvons aussi des thèmes hexagonaux, pentagonaux et heptagonaux, mais plus rarement.

La question se pose alors de savoir à quel objectif correspond cette exigence de la forme. On peut penser qu'il s'agit d'une méthode pédagogique, destinée à clarifier la pensée et à permettre une meilleure mémorisation. Ce n'est qu'une explication partielle. Il est certain que les représentations polygonales offrent des « figures » de rhétorique faciles à mémoriser, mais elles correspondent avant tout à une science de l'analyse du monde, qui reflète elle-même la configuration de notre système mental. Les Grecs l'avaient très bien compris, et Bernard puis Chrétien de Troyes ne sont que les dépositaires de ce très ancien secret.

Bemard demanda à Rome qu'on lui expédie des reliques particulières. Rome accéda à sa requête et il fut inhumé avec une cassette contenant les restes de l'Apôtre Thadée. Pourquoi Thadée? Sans doute parce que cet Apôtre avait posé l'étrange question : « Pourquoi Seigneur vous découvrez-vous à nous et non pas au monde? » (Jean 14-22). Thadée avait bien compris, comme Bernard, le caractère ésotérique du message du Christ, réservé à des êtres prédestinés comme Perceval, ou à des hommes du « secret » comme Joseph d'Arimathie (voir infra). Le Christ répondit par une « pirouette » à la question de Thadée.

On plaça également dans le tombeau de Bemard, et à sa demande aussi, une tablette sur laquelle était gravé un passage du Cantique des Cantiques.

II

L'INFLUENCE
DU CANTIQUE DES CANTIQUES

Dans la majesté de ses 8 chapitres, le Cantique des cantiques se dresse devant nous comme une Tour octogonale. L'image d'Abel Grad est saisissante. Il s'agit bien en effet de s'élever au-dessus des contingences terrestres vers les sommets de l'esprit dans la contemplation divine. La Tour est l'image de cette élévation. Un parallèle immédiat s'impose avec le 16e arcane du Tarot (2 x 8) appelé « Maison Dieu »[77]. On y voit cette Tour dont le haut bouillonne et en bas, deux personnages à l'allure d'acrobates, dansant sur leurs mains.

La tradition hébraïque, nous dit Abel Grad[78], ne reconnaît pour véritables que 9 cantiques :
• celui d'Adam chanté le jour du premier Sabbat,
• celui de Moïse après le passage de la Mer Rouge,
• ceux du grand Scribe, de Josué, Baraq et Déborah, à l'issue de victoires militaires)
• celui d'Hana rendant grâce pour la naissance de son fils

• celui de David, en remerciement des miracles dont il avait bénéficié,

• et enfin celui de Salomon, Cantique des cantiques, qui est la forme la plus achevée de l'action de grâce, et par conséquent le dernier.

Et déjà le nombre 9 s'impose à nous. Il est la mesure de ce texte inspiré, d'apparence octogonale (il comporte huit chapitres), mais qui est construit en 117 versets (13 x 9) de 1251 mots totaux (139 x 9) comprenant 5148 caractères (soit 572 x 9). Nous verrons plus loin à propos des nombres, que les coïncidences, en la matière, ne sont pas fortuites.

Les Juifs récitent les 8 chapitres de ce texte, le 8e jour de la Pâque. Il constitue en effet un résumé de leur histoire, de la captivité en Égypte jusqu'à l'annonce du Messie. Salomon, l'auteur, a beaucoup aimé les femmes. On lui a prêté parmi ses goûts pour le luxe, d'avoir entretenu plus de trois cents concubines. Il était donc facile de minimiser la portée du Cantique en le réduisant à un hymne à l'amour charnel. Toutefois, le caractère mystique de ce poème est éclatant, et l'intérêt qu'il a suscité auprès des Pères de l'Église Romaine suffit à le laver du soupçon hédoniste, que certains, dont E.Renan ont essayé vainement d'insinuer.

La tradition chrétienne a puisé dans ce texte plus que dans tout autre de l'Ancien Testament.

Alcuin, saint Bernard, Bossuet, saint Thomas d'Aquin, Guillaume de saint Thierry, et bien d'autres encore[79] lui ont consacré des commentaires célèbres. Cet Hymne à l'Amour peut paraître incongru dans un environnement monastique. Toutefois il est le reflet d'une constante habitude des textes bibliques, de puiser les métaphores dans la relation « terrestre » de l'homme et de la femme. Isaïe dit à propos de Sion : « *on ne vous appellera plus la répudiée… mais vous serez appelée ma bien aimée*[80]. De même Ézéchiel utilise ces images crues : « *vous vous êtes avancée en âge, vous êtes venue au temps où les filles pensent à se parer, votre sein s'est formé, vous avez été en état d'être mariée, et vous étiez alors toute nue et pleine de confusion* (Ézéchiel, chapitre XVI verset 7). La suite de ce passage d'Ezéchiel est très proche des images du Cantique des cantiques. Le mariage charnel va servir de modèle pour décrire la fusion de l'âme en Dieu. L'hédoniste et l'homme spirituel ont ce point commun de n'être jamais rassasiés. Par contre ils diffèrent par le degré d'exercice de leur amour. La notion de degrés est essentielle dans la pensée de saint Bernard. L'Amour est sans doute le sens le plus exact de l'image de l'échelle de Jacob, voie Royale de la descente (et non pas de la montée) de la grâce. Il y a donc différents degrés de l'Amour, comme il y a « *plusieurs demeures dans la maison de mon Père* » selon l'Évangéliste que Jésus aimait (Jean XIV, 2). Chaque degré véhicule sa propre symbolique et les symboles ne sont compris que par rapport au degré où se situe le lecteur. On constate alors selon les termes de MM. Davy (*op. cit.*) que l'Épouse glorieuse unit le charnel au spirituel, le terrestre au céleste, et le visible à l'invisible. C'est à travers les étapes du visible que l'itinéraire vers l'invisible doit s'accomplir. Ainsi Guerric d'Igny relève que dans l'allégorie de l'Épiphanie, les Mages (magiciens ?) ont d'abord suivi les éléments visibles : l'étoile, l'enfant dans l'étable, avant de parvenir, à travers l'enfant-Dieu, à la découverte de l'invisible divinité.

Les traditions Cabbaliste et Alchimique : M.M. Davy a très justement rappelé l'importance accordée aux « noces sacrées » dans la tradition du Zohar et de la Cabbale[81]. De même, les alchimistes ont fréquemment représenté les « Noces chimiques », image de la « conjonction » par l'union du Roi et de la Reine. Ces images sont reprises par saint Bernard dans un sermon pour l'octave de l'Épiphanie (II, 2-3), où les Noces de Cana sont éclairées par l'explication du sens allégorique de l'époux (le Christ) et l'épouse (le chrétien). Les juifs situent la création du Cantique lors de l'élévation du Temple de Salomon (d'après les Midrashim de Rabbi Yossé MM. Davy, *op.cit*). Pour un autre commentateur, Rabbi Schiméon, ce livre reçu du ciel, aurait été scellé par le Roi, afin de limiter l'accès de ses mystères splendides, qui conduisent à la Sagesse divine.
Les théologiens du XIIe siècle ont beaucoup puisé dans la source de l'exégèse hébraïque. Les relations entre les deux communautés existent bel et bien et poursuivent ainsi l'effort d'authenticité déployé autrefois par saint Jérôme. Les auteurs du XIIe siècle s'intéressent au sens allégorique des textes. Comme ils connaissent mal l'hébreu, ils font appel aux lumières des rabbins. Ainsi Etienne Harding, le « père » de Cîteaux fit venir parmi ses moines des maîtres juifs pour corriger le texte de la Vulgate.

Ainsi, saint Bernard, lors de sa « tournée » européenne de 1146 pour prêcher la deuxième croisade, se rendit à Mayence pour calmer la populace qui, sous l'instigation d'un cistercien (Rodolphe), maltraitait les juifs. Rabbi Joseph ben Meïr chef de la communauté israélite de Mayence témoigne qu' *« Israël éclata en actions de grâce et bénit le Juste sans lequel, nul des juifs n'eût conservé la vie »*. Sans doute Bernard était-il redevable de quelque chose à cette communauté, pour donner autant d'éclat à son intervention. Sinon, il lui aurait été facile de « calmer » Rodolphe à distance.

Les images allégoriques relatives à l'amour conjugal ont ainsi profondément marqué la pensée des chrétiens médiévaux. Ils ont trouvé dans le Cantique l'exaltation de leur besoin de mystère, de connaître le sens profond des images, et cette élucidation a été considérée comme un chemin à degrés, où l'homme s'élève marche après marche vers l'union totale de son âme à Dieu.

Revenons maintenant au texte de Chrétien de Troyes. L'histoire de Perceval est ponctuée des images puisées dans le Cantique des cantiques.

Les Noces mystiques des personnages du « Conte du Graal »

Nous avons remarqué l'allégorie de l'accouplement du Roi et de la Reine, développé en particulier par les Alchimistes, sous le nom de « *conjunctio* ». Elle

46 ROSARIVM

CONIVNCTIO SIVE
Coitus.

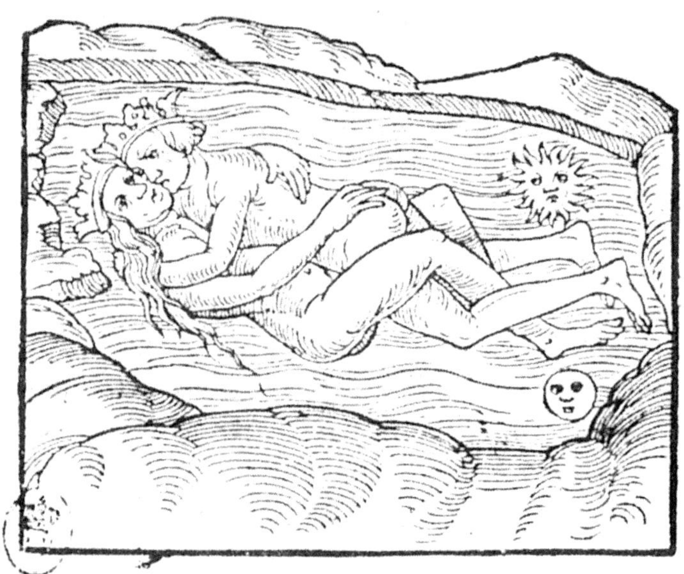

O Luna durch meyn vmbgeben/vnd susse mynne/
Wirstu schön/starck/vnd gewaltig als ich byn.

O Sol/du bist vber alle liecht zu erkennen/
So bedarsstu doch mein als der han der hennen.

ARISLEVS IN VISIONE.

Coniunge ergo filium tuum Gabricum dile‹
ctiorem tibi in omnibus filijs tuis cum sua sorore
Beya

L'union du Roi et de la Reine.

évoque la fusion des éléments contraires que
Fulcanelli situe au quatrième mois de l'œuvre. Or,
le texte de Chrétien de Troyes nous présente lui aussi
plusieurs couples détruits que le héros sera en charge
de reconstituer. Nous avons ainsi le couple père-
mère de Perceval. Sa destruction est l'élément cons-
tituant de l'enfance du jeune valet. Nous avons
ensuite le couple Guenièvre Arthur dont la désagré-
gation s'est constituée au fil des cinq romans de l'auteur, et qui atteint son paroxysme dans le « Conte
du Graal » qui nous présente un Arthur incapable
d'assurer lui-même son devoir de protection de
« l'Épouse ». Autre couple brisé : celui du Roi Pêcheur
et de la suzeraineté. La maladie du Roi s'est reportée
sur sa terre, devenue « gaste » du fait de son impuissance. Enfin nous découvrons l'existence d'un couple
âme – Dieu, dont Perceval n'appréhende la réalité
qu'à la fin du roman, lors de sa rencontre avec les
chevaliers pénitents et ensuite celle de l'Ermite. Nous
découvrons dans cette succession, et dans cette
progression l'objectif premier de la quête du héros :
reconstituer les couples détruits en projetant sur le
monde la lumière spirituelle qu'il aura découverte
dans l'union finale de son âme avec Dieu, et le retour
à son état de pureté originelle.

Perceval et la doctrine de l'Amour

De même que les couples détruits se présentent sur
des plans différents, de même les personnages
rencontrés par Perceval nous offrent une palette de
manifestations de l'Amour. L'amour maternel est le

premier, et figure à l'épisode de la Dame veuve. Vient ensuite celui de l'amour courtois, dont la Pucelle sous la Tente, Guenièvre, et la Cousine dans la forêt sont les ambassadrices. Puis il s'agit avec Blanchefleur, d'un amour teinté de sensualité, mais dont les sentiments purs permettent le sacrement religieux. Enfin, l'Amour de Dieu, aboutissement sublime de ce parcours qui conduit le héros des aspects terrestres aux aspects célestes.

Les images du Cantique dans le roman du Graal

Premier Chapitre : « *je suis noire mais je suis belle, filles de Jérusalem, comme les tentes de Kédar, comme les pavillons de Salomon* ». Cantique Ch. I verset 5.
On retrouve dans ce paragraphe les images des deux dames noires (sa mère la veuve, et la demoiselle hideuse), dont la charge affective positive et négative induit le développement de notre héros. On y trouve aussi l'image des tentes sous lesquelles s'abritent les personnages « errants » que rencontre Perceval. On y trouve aussi l'allusion au matériel héraldique (les pavillons) dont la chevalerie fera grand usage.

Deuxième Chapitre : « *le voici, il vient, franchissant les montagnes bondissant sur les collines.* » Cantique Ch. II verset 8. L'image du texte nous conduit tout droit au nom de « perce-val » qui traduit bien cette capacité du héros à franchir les monts et les vaux. Une autre image se rattache à ce passage ; celle du psaume I 13A « *in exitu Israël* » où David, le père de Salomon nous rapporte : « *Montagnes, vous avez bondi comme des béliers, collines, comme les petits des brebis* ». C'est cette image connue de la Foi qui soulève les montagnes, qui nous est signalée, et qui constitue la raison de l'incapacité de Perceval à déjouer l'enchantement du Royaume du Graal. Ce psaume est récité aux vêpres du dimanche, ainsi que le suivant (113B) dont le premier vers est « *Non nobis domine, non nobis, sed nomini tuo da gloriam* ». Ce vers est la devise de l'Ordre du Temple. Les deux psaumes réunis forment un ensemble de huit versets, tout comme le cantique des cantiques.

Au deuxième verset, le chapitre II du Cantique nous présente l'Époux : « *tel un pommier parmi les arbres de la forêt* ». Encore une image proche de Perceval, dont l'essentiel des pérégrinations se déroulent dans les forêts qui couvraient à l'époque notre Gaule chevelue.

Troisième Chapitre : « *Je l'ai cherché et ne l'ai pas trouvé, je me lèverai et parcourrai la ville* » Cantique Ch. III verset I. Cette phrase nous conduit directement au thème de la quête. On peut y remarquer la similitude de destin entre Perceval et le peuple Juif. L'errance est leur lot quotidien, jusqu'à ce que la pureté de leur cœur leur attire la mansuétude divine et la réunion avec Dieu. « *Voyez, c'est la litière de Salomon, entourée de soixante braves d'entre les héros d'Israël. Tous portent l'épée, exercés au combat.* » Ch. III, verset 7. Du thème de la quête nous passons à celui des guerriers, aux soldats de Dieu, entourant le Roi

Sage. Ils sont soixante, comme les 60 prisonniers, défaits en combat, que Perceval a graciés et envoyés auprès d'Arthur. Plus loin la description des couleurs de cette litière nous présente l'Or l'Argent et le Pourpre, qui sont aussi les couleurs du Conte du Graal, nous le verrons bientôt.

Quatrième Chapitre : « *Tes dents sont comme un troupeau de brebis tondues qui remontent du bain, tes lèvres sont comme un fil d'écarlate* » Cantique Ch. IV versets 2 et 3.

La description que nous donne ici le Cantique de l'Épouse aimée correspond au symbole des trois gouttes de sang sur la neige que Perceval contemple, presque évanoui. Image poétique identique, utilisant les mêmes couleurs, pour décrire la femme aimée. Il est intéressant de noter qu'un poème décrivant la femme et la beauté de son corps s'appelle un « blason ». Et une fois encore le Cantique nous offre des images héraldiques. Salomon prend l'allégorie des Lions et de Léopards, qui constituent l'ornement principal de la dynastie des Plantagenêts. Il est très difficile de différencier par le « trait » le Lion du Léopard. Mais le Cantique nous fournit sans doute une clé (Chapitre IV verset 8 en citant « les montagnes des léopards »). La montagne est au Léopard ce que la Tour est à l'homme. Le quatrième chapitre nous signale la « Tour de David » bâtie pour recevoir les trophées de guerre. Le Léopard vit dans un milieu plus élevé que le Lion, et son manteau moucheté représente en héraldique la voûte étoilée. Le choix de cet animal pour la Maison d'Angleterre,

terre du Graal, est ainsi relié à la symbolique du Cantique. On peut y ajouter le fait qu'Arthur, fils d'Uterpendragon, portait des armes à l'effigie du Dragon. Guillaume le Conquérant porta également le dragon à la bataille d'Hastings (tapisserie de Bayeux). On peut ainsi voir dans le léopard, une forme moderne de l'antique Dragon lunaire des Celtes.

Cinquième Chapitre : « *Mon Bien-Aimé est blanc et rouge, un étendard entre dix mille, Sa tête est d'Or pur, ses boucles flottent, noires comme le corbeau* » Cantique Ch. V verset s 10 – 11. Le cinquième chapitre est prolixe en comparaisons colorées. Les couleurs utilisées sont exactement celles du texte de Chrétien de Troyes. Les couleurs Blanc et Rouge sont l'image de l'exigence pour Perceval d'une vie alternée entre les actes terrestres et les préoccupations spirituelles. Ainsi Perceval sera Rouge quand il porte les armes (celles du Chevalier Vermeil) et Blanc en tenue de pénitent. Il est le Chevalier Rouge équilibré par la dame-blanche. L'une des continuations de Perceval nous offre la déclaration suivante d'une jeune fille : « *le seul homme que j'aimerai sera beau des trois couleurs que je vois là-bas : les cheveux noirs comme le corbeau, les joues rouges comme le sang, et le corps blanc comme la neige.* » Perceval est aussi le pénitent Blanc guidé par la lumière de l'Ermite que le Tarot de Marseille représente vêtu de rouge. Les deux couleurs Rouge et Blanche sont aussi celles de l'Ordre du Temple, le modèle de toute chevalerie, la forme la plus achevée du « don de soi ». La référence à l'étendard confirme les premiers chapitres qui citent les bannières et les pavillons de Salomon. Grâce aux images aux couleurs et aux thèmes du Cantique, l'héraldique acquiert ses lettres de noblesse. Il ne s'agit pas de prétendre que Salomon pratiquait l'Héraldique ; cet art ne date que du XII⁰ siècle. Mais la référence que cette discipline peut trouver, pour les images, dans l'Ancien Testament, lui donne une légitimité incontestable. Le Cantique se révèle ainsi comme l'inspirateur de nombreuses créations artistiques au fil des siècles.

Sixième Chapitre : « *Où est allé ton Bien Aimé, ô plus belle de toutes les femmes ? De quel côté s'est dirigé ton Bien Aimé pour que nous le cherchions avec toi ?* » Cantique Ch VI, 1.
Ce chapitre met en relief l'effet d'entraînement de la quête spirituelle. C'est le thème développé lors de l'épisode de la Demoiselle Hideuse qui convainc tous les chevaliers de se joindre à Perceval pour retrouver le château du Graal. Cette image transparaît aussi dans la légende d'Osiris où les efforts conjoints de la veuve (Isis) et du fils (Horus) seront couronnés de succès. Le corps « méhaigné » d'Osiris sera reconstitué et la vie reprendra. Même image dans la légende Maçonnique d'Hiram, où l'effort collectif des maîtres pour retrouver le corps sans vie doit aboutir à la résurrection de l'architecte.

Septième Chapitre : « *Ton nombril est une coupe arrondie, où le vin parfumé ne manque jamais.* » Cantique Ch VII verset 3

L'objet de la Quête est alors précisé. La coupe contient le vin, qui est ce sang coulant à la pointe de la lance, objet de la procession dans le château du Graal. L'union de l'Épouse à l'Époux s'affine dans la cérémonie de l'Eucharistie.

Huitième Chapitre : « *Que n'es-tu pour moi comme un frère..Tu m'initierais…* »

Cantique Ch. VIII verset 1 et 2 Parvenus au sommet de la Tour de David, ceux qui, ensemble, se sont engagés sur le chemin de la quête, découvrent qu'il existe entre eux une proximité de l'esprit. Ils sont frères. Mais il ne s'agit plus de liens du sang. Ceux de la spiritualité sont bien plus forts. Ainsi le dit David dans son Psaume 132 : «Ecce quam bonum et quam jucundum, habitare fratres in unum» *Oui qu'il est bon et joyeux pour des frères d'habiter ensemble.* Pour les chevaliers du Graal, la quête est commune, mais chacun est solitaire dans son parcours. Le seul lieu collectif est la « Table Ronde » où ils siègent sans préséance. La tradition littéraire a voulu qu'ils fussent onze assis avec un siège libre, le siège « périlleux » où s'assiéra le douzième, celui qui réussira la conquête du Graal.

Le Cantique nous donne ainsi dans ces images, le sens de la spiritualité chevaleresque. Aucun des 22 textes de l'Ancien Testament[82] n'est – en esprit – plus proche de la Chevalerie que le chef-d'œuvre de Salomon. Aucun n'exerça sur les esprits du XIIe siècle de plus grande influence, pas même les évangiles. Cette période que l'on appelle aussi « l'âge de la foi » est avant tout l'ère de l'Amour. Elle offre aux hommes du XXIe siècle un modèle d'une grande actualité.

La maison Dieu, XVIe arcane du Tarot, figure la Tour d'où s'élève la Foi. Le même symbole d'ascension se retrouve chez les Templiers et dans la statuaire médiévale.

III
L'EMBLÉMATIQUE CHEVALERESQUE
DE SAINT MAURICE
ET DE L'ORDRE DU TEMPLE

Pour comprendre la légende du Graal il faut en pénétrer la symbolique chevaleresque. Elle-même comprend de multiples aspects. Elle possède ses rites propres, ses signes de reconnaissance par l'héraldique ou science du Blason, et ses figures emblématiques. Ce sont ces dernières que nous examinerons, et plus particulièrement deux qui me paraissent majeures : le saint protecteur de la chevalerie, et le modèle le plus achevé de la chevalerie céleste que constitue l'Ordre du Temple.

Saint Maurice, protecteur de la Chevalerie

L'histoire de ce saint, et la symbolique qu'elle sous-tend, méritent notre attention. Maurice, c'est-à-dire Mauritius, le Maure, était officier de l'armée Romaine. Il portait le grade de « primipile » ou de « primicerius » qui correspond à celui de capitaine. Il exerçait ses fonctions dans la Légion thébéenne, qui avait été constituée initialement en Égypte, dont elle était chargée de la défense des frontières du sud. Elle était ainsi cantonnée à Thèbes et son recrutement local, explique probablement la couleur de peau noire de nombreux de ses légionnaires. Requise par Maximien elle combattit en Europe en particulier pour juguler la révolte des « bagaudes ». L'événement qui nous intéresse se produisit après que cette troupe eut franchi le col du Grand-Saint-Bernard qu'on appelait à l'époque le Mont Joux[83]. En 285-290, Maximien souhaita faire participer ses troupes à un sacrifice aux Dieux Romains afin de s'assurer leur protection. Le drame se noua lors du refus de la légion Thébéenne composée essentiellement de chrétiens d'y participer. Relevons d'emblée l'incohérence majeure de cette pratique. Le sacrifice aux Dieux n'avait de sens que dans la logique de la Rome archaïque, où l'armée était constituée de groupes familiaux. Les centuries étant composées de membres d'une même « Gens » honoraient chacune la mémoire d'ancêtres collectifs et communs auxquels elles rendaient le même sacrifice. Ce n'était plus le cas dans l'armée de mercenaires de l'époque décadente. Rien d'étonnant par conséquent que ce sujet générât des troubles et des mutineries. Confronté au refus de la Légion Thébéenne, Maximien appliqua à la lettre le règlement prévoyant en cas de mutinerie la peine de décimation de l'unité coupable. On tira au sort un soldat sur 10 et il fut exécuté. Devant l'inefficacité de cette mesure, Maximien ordonna une seconde décimation, qui ne fut pas plus suivie d'effet. Il fit alors massacrer l'intégralité de la Légion thébéenne au lieu-dit

« Vérolliez » déformation du vocable latin « verus locus » c'est-à-dire « le vrai lieu ». À la tête des victimes périrent les officiers Maurice, Victor, Candide, Exupère, et bien d'autres qui sont restés dans l'anonymat. Très vite le lieu de l'exécution suscita des miracles et saint Sigismond, le Roi Burgonde, fit bâtir un monastère en 515 sur l'emplacement du martyre des soldats chrétiens. Maurice devint naturellement le saint protecteur des chevaliers chrétiens. Cela explique le vêtement qu'il porte sur le retable d'Aix-en-Provence qui est reproduit à la page 78. Le symbole des Rais d'Escarboucle, tracé selon les règles de la Géométrie nous offre huit rayons irradiant la périphérie en partant du centre. Dans une statue plus récente, saint Maurice porte à la place des Rais d'Escarboucle la Croix Pattée de l'Ordre du Temple, ce qui traduit parfaitement l'identité des deux symboles. On peut visiter avec profit l'église saint Maurice de Lille, située dans le centre piétonnier et dont l'intégralité de la statuaire est composée de chevaliers. La curiosité réside dans le fait que les chevaliers sont les apôtres et les évangélistes tous en tenue guerrière et revêtus des attributs de la chevalerie. À Vienne, la primatiale saint Maurice construite au XIIe siècle, confirme la place éminente de ce saint. On appelle primatiale l'église où réside le primat, premier des évêques. Lyon jouissait de ce titre glorieux en raison de l'évêché de Vienne qu'on pensait à l'époque être le plus ancien de France. Ce titre lui fut attribué en 1119 par le Pape Calixte II.

En fait saint Maurice nous livre un double message :
Le soldat de Dieu est prêt à donner sa vie terrestre
(qui est toutefois bien peu de choses). Maurice est
en ce sens l'image du courage soutenu par la soli-
dité de la Foi.
Le temps de l'Agneau se laissant égorger est révolu.
La Chrétienté constitue désormais une force plané-
taire et prend conscience des conséquences militaires
de son nouveau statut.

Ces deux plans ne sont pas antinomiques pour un
chrétien, et le langage de la Bible présente en alternance les deux attitudes de soumission et de rébellion. Il ne s'agit plus de choisir entre la voie
« blanche » qui consiste à tendre l'autre joue, et la
« voie noire » du glaive à deux tranchants de
l'Apocalypse, celle du Christ pugnace qui a dit « je
ne suis pas venu apporter la paix mais l'épée ». Il
s'agit de réaliser sur Terre le dessein de Dieu, au
besoin par la contrainte. Saint Maurice est le lien
entre les deux doctrines de la soumission et de la
résistance. La chevalerie est l'arme de la seconde.
Le fait qu'elle ait choisi son saint protecteur dans la
première témoigne de l'unité de l'Église vis-à-vis de
ses traditions initiales. La chevalerie se définit alors
comme un des axes cardinaux de l'Église. Et quels
sont les points cardinaux qui nous donnent « l'orien-
tation » ? Il suffit de regarder le calendrier… Les
quatre dates essentielles de l'année sont les solstices
et les équinoxes sur le plan cosmique. Les deux
Solstices ont été marqués par l'Église par la proximité des deux Jean (le Baptiste et l'Évangéliste) dont

les fêtes respectives sont placées au 24 juin et 27 décembre, soit pratiquement en opposition diamétrale sur le cercle de l'année. Saint Maurice est situé au 22 septembre c'est-à-dire au moment précis de l'équinoxe d'Automne. À 90° des deux Jean, qui rappellent étonnamment le Janus Romain, biface, auquel il refusa de sacrifier. Ainsi s'éclaire la tradition « Johannite » de la chevalerie, ainsi s'expliquent les étranges symboles de son Héraldique, et les surprenants aveux des Templiers torturés sur les rites qu'ils pratiquaient. La chevalerie n'a pas inventé grand-chose, mais elle a servi de réceptacle, de Graal, souvent de façon inconsciente, pour cette tradition symbolique remontant aux premiers âges de la chrétienté et sans doute plus loin encore. Quant au monastère d'Agaune, bâti sur le « Verolliez » du martyre, il revêt lui aussi une importance particulière. Ce fut le premier monastère Occidental à mettre en œuvre le « Laus perennis », c'est-à-dire l'organisation de la journée en tranches permettant d'assurer avec régularité la Louange de Dieu au travers d'offices ininterrompus. C'est en 515 que saint Avit inaugura cette doxologie à Agaune. Un 22 septembre… Curieux personnage que ce saint Avit qui fut conseiller de Clovis avant son baptême, de Sigismônd le roi Burgonde, et du Pape Symmaque en lutte contre l'antipape Laurent. La similitude avec saint Bernard nous confond. Leur intérêt commun pour l'élévation spirituelle de la « soldatesque » qu'elle soit appelée Légion Romaine ou Chevalerie les relie par une chaîne logique à travers les six siècles qui séparent leur vie. Avit était un noble Romain, et sa culture latine sans défaut n'a pas manqué de lui rappeler que l'accès au service armé avait été une grande victoire pour la plèbe sous Servius Tullius (Roi de Rome au Ve siècle avant Jésus-Christ). Servius Tullius avait créé pour les plébéiens 12 centuries de cavalerie. Imaginez la réunion de leurs douze officiers et vous aurez l'image de la Table Ronde. Pour en revenir à la doxologie monastique d'Agaune, les moines étaient répartis en choeurs se relayant sans cesse. Quatorze offices étaient assurés par chaque groupe. Cette organisation harassante a été rapidement abandonnée, mais les monastères pratiquent toujours la récitation hebdomadaire des 150 psaumes de David, cet autre ancêtre de la chevalerie, exemple vibrant du courage d'homme. La Chevalerie a beaucoup puisé dans les Psaumes Davidiques pour alimenter sa réflexion spirituelle. Saint Bernard – nous l'avons vu plus haut – les cite en permanence et l'Ordre du Temple y a trouvé sa devise « *Non nobis Domine, non nobis, sed nomini tuo da gloriam* » tirée du 113 B de la Vulgate. Ces Psaumes, que saint Jérôme a pris tant de soin à traduire pour respecter le pouvoir énergétique de la scansion, sont si proches du chant Hébraïque que les Juifs religieux les reconnaissent chantés pourtant en Grégorien. Saint Jérôme s'explique à merveille du mystère numérique que sous-tend le choix du Canon de l'Ancien Testament : « *Viginti duos esse litteras apud Hebraïcos* » c'est-à-dire que les Hébreux utilisent 22 lettres d'alphabet et que l'ancien Testament comprend 22 livres. De même il existe 22 polygones, réguliers au sens Euclidien, qui se tracent dans un cercle avec une équerre et un compas. Ils correspondent aux 22 diviseurs de 360, hormis 1 et 2 qui ne délimitent pas de polygone mais dont nous avons vu l'utilité pour tracer des diamètres.

Ajoutons aussi que les disciples principaux du Christ furent :
• les douze Apôtres
• les trois évangélistes (Jean étant déjà compris dans les Apôtres)
• les sept Diacres,
… ce qui nous donne aussi un total symbolique de 22 !

Ce grand mystère, nous en devons la « redécouverte » à Pierre Piobb, qui est le vecteur le plus récent d'une transmission ininterrompue depuis l'origine de la pensée humaine. Dans cette transmission, le rôle de l'Église a été essentiel. Le flambeau fut porté par saint Thomas (Patron des architectes et des tailleurs de pierres), que l'Église célèbre le même jour – 3 juillet – que Raymond Lulle, l'alchimiste auteur d'un traité de chevalerie[84]. Il passa ensuite à saint Jérôme à saint Avit, à Raban Maur l'abbé cryptographe de Fulda (dont le nom traduit comme celui de St Maurice la noirceur du corbeau), à saint Bernard l'abbé de Clairvaux (qui portait un blason noir et rouge). Ce fut enfin le tour de Jean Tritthème, abbé de Spannheim, et la transmission est ensuite passée dans la soçiété civile et chez les Rose-Croix en particulier. Si la préface de la Vulgate, rédigée par saint Jérôme, est dite

« Galéatique » c'est-à-dire casquée ou encore cachée, c'est en raison du caractère « non-divulgable » de cet enseignement. Déjà, Thomas dans son « apocryphe »[85] nous a rappelé le caractère « spécial » de ses rapports avec le Christ qui lui a dit: « *Je ne suis plus ton Maître; car tu as bu, tu t'es enivré de la source bouillonnante qui est à moi et que j'ai répandue. Puis il le prit et s'écarta: il lui dit trois mots. Et, lorsque Thomas revint vers ses compagnons, ils le questionnèrent: Qu'est-ce que Jésus t'a dit? Et Thomas leur répondit: si je vous dis une seule des paroles qu'il m'a dites, vous prendrez des pierres et me les jetterez, et un feu sortira des pierres et vous consumera!* » Logion 14. Quant à saint Jérôme, il nous dit lui-même dans sa préface qu'il a: « tendu des couvertures et des peaux de chèvres au-dessus du Tabernacle, afin de le protéger de la lumière trop vive du soleil et pour qu'il ne pleuve pas à l'intérieur ». Puis lentement, l'église « cachée » devient « casquée », à l'image de Joseph d'Arimathie qui « aimait le Christ en secret » puis fonda dans les romans du Graal cette lignée mystérieuse. L'apogée de cette mutation est atteint avec l'Ordre du Temple sur lequel nous allons maintenant nous pencher.

L'Ordre du Temple
dans la symbolique des romans du Graal

Le roman de Chrétien de Troyes ne mentionne jamais « nommément » l'Ordre lui-même ou les Templiers. Mais nous avons vu au fil de cette étude, combien les ressemblances sont nombreuses, et les symboles équivalents. Les « continuateurs » de Chrétien de Troyes ont été beaucoup plus directs. Chez Wolfram d'Eschenbach, ce sont ainsi des « Templeisen » qui gardent le château du Graal. Mais la plus évidente filiation est encore dans le « Perlesvaux de Glastonbury » sur lequel nous allons nous pencher quelques instants.

Le Perlesvaux de Glastonbury n'est pas une continuation mais plutôt une version « parallèle » du Perceval de Chrétien de Troyes. On établit sa datation entre 1190 (date de la mort de Chrétien) et 1230 et rien n'exclut que les deux œuvres aient été rédigées en parallèle, à la demande de commanditaires différents. Pour le Perlesvaux le commanditaire était l'abbaye de Glastonbury et donc les Plantagenêt qui eurent pour cette abbaye des desseins grandioses. C'est un roman à la fois violent et mystique qui nous présente la quête de trois chevaliers :
Lancelot qui figure l'homme trop chargé de péchés, qui ne verra jamais le Graal,
Gauvain dont l'absence d'idéal spirituel l'empêche de poser la question salvatrice,
Perlesvaux qui grâce à l'effort sur soi-même déjouera l'enchantement.

Ce roman nous donne une bien curieuse description du cortège du Graal. Gauvain est reçu par le Roi Pêcheur dans une salle où se trouvent 22 chevaliers « âgés de plus de cent ans, mais qui en paraissent à peine quarante ». Il assiste alors au passage du cortège qui comprend 4 personnes à l'aller et trois au retour, avec un enfant qui revient dans le Graal.

Le sens de ces symboles est très clair : les 22 Chevaliers représentent l'Ordre du Temple. Nous avons vu plus haut combien ce nombre 22 constituait la clé d'un enseignement ésotérique fondamental. Le Christ avait 22 disciples principaux (Apôtres, Diacres et Évangélistes) et le Temple s'est éteint au mandat de son 22e Grand Maître.

Quant à l'âge des chevaliers (qui paraissent avoir quarante ans alors qu'ils en ont plus de cents) cela s'explique tout simplement par les dates : l'Ordre ayant été fondé en 1118, en 1218 ses chevaliers ont plus de cent ans d'ancienneté et un âge physique moyen de 40 ans. On peut ainsi en conclure que cette œuvre n'est pas contemporaine du « Conte du Graal » mais lui est postérieure de près de 30 ans. Les deux passages du cortège sont aussi riches en enseignements. D'abord le cortège passe à quatre puis il revient à trois. Ainsi l'auteur exprime l'antériorité de nombre Quatre sur le nombre Trois. Ceci est de la plus grande évidence, aussi bien en géométrie (où la carré précède le triangle) qu'en démarche scientifique où l'espace précède le temps. Nous retrouvons les méthodes fondamentales de l'enseignement médiéval : trivium pour les jeunes et quadrivium ensuite.

Le fait que Gauvain ne pose pas la question salvatrice met en relief que la Haute Science n'est pas accessible à tous, mais seulement à ceux qui cherchent, souffrent et persévèrent pour y accéder. La découverte du Graal n'est pas une question de chance. Elle procède à la fois de la destinée du héros et de son libre arbitre personnel.

Dans ce texte, nous voyons encore Perlesvaux châtier ses ennemis par groupes de 3 ou de 12, exprimant ainsi le travail accompli sur les nombres. Le Perceval de Chrétien de son côté, fera 60 prisonniers en 5 ans c'est-à-dire qu'il a su multiplier le 12 par cinq, et inscrire le pentagone (5) dans le cercle (12). Quant à Perlesvaux, il reçoit à la fin de sa quête le cercle d'Or, en plus de la connotation avec le mot « auréole », le cercle représente l'image de sa formation géométrique terminée. De même ses connaissances astronomiques sont symbolisées par le fait qu'il tue un dragon, animal qui symbolise les particularités du cycle lunaire. Avec la dépouille du Dragon et le cercle d'Or, Perlesvaux connaît les secrets généraux de l'astronomie, qui permettent d'utiliser les grands cycles du temps. Les mouvements du soleil et de la lune sont alors domestiqués par son intelligence. C'est une mule au front étoilé qui le conduit au château du Roi pêcheur. On retiendra l'analogie avec l'entrée du Christ dans Jérusalem. Dans ce château, une chapelle brille dans la nuit, selon l'image Johanite de la lumière dans les ténèbres. Alors Perlesvaux fait réapparaître le Graal et la Lance. Arthur retrouve Perlesvaux qui l'accueille au château du Graal. Le cortège passe cinq fois devant eux au cours de la messe, et en cinq formes « que l'on ne doit pas dire, car il ne faut pas dire les choses secrètes des sacrements ». Ce symbole marque l'appropriation humaine (5) du graal cosmique. Puis Perlesvaux se rend au château des « quatre coins ». Des moines blancs (sans doute des cisterciens) lui montrent le cercueil en verre de Joseph d'Arimathie. L'auteur marque ainsi la transparence de la Haute science pour l'élu, et le rôle des moines de Citeaux dans sa transmission.

C'est dans ce Château des Quatre coins que Perlesvaux attendra l'arrivée d'une nef « à voile blanche marquée d'une croix rouge », par conséquent aux couleurs exactes de la flotte du Temple. Il est admis à une table d'Or et d'Ivoire, comme tous ceux qui connaissent l'utilisation des pouvoirs de la Lune et du Soleil. La lignée dynastique étant réveillée, la nef remporte le Graal et seul un Ermite restera dans le Château en ruine.

Cet aperçu symbolique mérite quelques autres explications.

Fouilles et reliques sacrées

Le site de l'Abbaye de Glastonbury est réputé par de nombreux textes pour être celui où Joseph d'Arimathie aurait apporté le saint Graal. Il n'en existe aucun fondement historique, mais il faut noter qu'Henri II Plantagenêt fit effectuer sur le site de cette Abbaye des fouilles coûteuses pour retrouver le tombeau d'Arthur et Guenièvre que la légende situait aussi à cet endroit. L'abbaye aurait donc été bâtie sur le site de la mythique Avalon. Des tombes celtiques furent en effet retrouvées, ce qui n'a rien d'étonnant quand on sait le soin qu'eut l'Église de cette époque à canaliser les anciens pèlerinages vers des sites nouveaux et chrétiens. Comme saint Benoît sur Loire, Glastonbury avait été construite sur un haut lieu de la religion Celte. Il fut même prétendu que l'épée d'Arthur « Excalibur » avait été retrouvée dans la tombe de Guenièvre.

Bien sûr tout ceci n'est qu'affabulation. Mais il convient de s'interroger sur le dessein que sous-tend ce folklore. Les Plantagenêts n'avaient pas une assise très stable pour établir solidement leur dynastie. Ainsi Henri II dut associer son fils à la couronne de son vivant, ce qui lui valut bien des déboires par la suite[86]. Dans ce contexte, il est certains que la possession de reliques auraient considérablement renforcé l'autorité des Plantagenêts. Deux types de reliques pouvaient être envisagées :
Des reliques liées à l'histoire locale. À ce propos, il est étrange de voir que l'armée de Guillaume le Conquérant, puis celle de Geoffroy Plantagenêt, ont abondamment utilisé le Dragon et son dérivé la Panthère, pour leurs étendards guerriers. Le message n'était-il pas de laisser croire à un retour d'Arthur, le grand héros national, qui lui aussi portait un Dragon pour signe de reconnaissance ? La Panthère remplaça le Dragon, puis elle fut remplacée à son tour par le Léopard qui est encore aujourd'hui l'emblème de la monarchie britannique.

Une autre possibilité était d'obtenir des reliques Chrétiennes. Mais malgré le soin et les recherches des croisés, aucune découverte certaine n'est à créditer au royaume d'Albion. Une autre légende voulait que la sainte Lance (de Longin) ait été ramenée à saint Omer après la première croisade. Sachant le rôle qu'a joué Geoffroy de saint Omer dans la création de l'Ordre du Temple, il y a là une bien étrange analogie.

Quoi qu'il en soit, les reliques, en plus de leur vertu « sacralisante » avaient un pouvoir économique de première importance. A cette époque, on n'hésitait pas à entreprendre plusieurs centaines de kilomètres à pieds pour contempler les saintes reliques dont se glorifiaient les Cathédrales ou Abbayes. La basilique de Vézelay dut son succès aux reliques de sainte Marthe, et Compostelle à celles de saint Jacques.

Tout laisse donc à penser que l'Église aura d'elle-même mis le holà aux ardeurs archéologiques des Plantagenêts. D'une part il ne s'agissait nullement de réveiller un ancien pèlerinage celtique sur la tombe d'Arthur et de Guenièvre qui n'ont jamais été Chrétiens, et d'autre part, les reliques obtenues par la filiation de Joseph d'Arimathie, disciple « secret » du Christ, n'étaient-elles pas plus dangereuses qu'utiles, dans cette époque d'hérésies foisonnantes ? L'Église préféra mettre en relief les saints locaux incontestables comme Brendan ou Patrick, ou d'anciens héros locaux canonisés pour les besoins diplomatiques comme Oswald.

Wolfram von Eschenbach
et la tradition templière du « Parzifal »

Comme Robert de Boron, autre grand « Continuateur », Wolfram d'Eschenbach était un chevalier. C'est ce qui explique que la dimension spirituelle soit fortement développée chez l'un et l'autre. Plus que de simples continuations, leurs œuvres sont des amplifications de celle de Chrétien. Ils y précisent ce qui était resté obscur dans le texte initial du « Conte du Graal ». Robert de Boron donne à « son » Graal un aspect plus fortement Christique, et la procession devient celle de saintes reliques officielles (alors que ce n'est qu'une interprétation dans le texte de Chrétien de Troyes).

De son côté, Wolfram met en scène l'Ordre du Temple. Ce sont des « Templeisen » qui sont chargés de garder le Graal au château de Montsalvage. Leur rôle est aussi de défendre à quiconque n'est pas jugé digne, d'approcher l'objet sacré. Le Graal est ainsi défini chez Wolfram comme un secret ésotérique, au sens où son accès n'est pas ouvert à tous.

Chez ces continuateurs, la Chevalerie apparaît comme prédestinée à accomplir l'œuvre inachevée du Christ dans le monde. Et ce message éclaire parfaitement aussi l'œuvre de Chrétien. On peut noter que l'image de la table ronde et en particulier celle de la « chaise vide » symbolise à travers le siège de Judas, à la fois l'imperfection et l'inachèvement de l'œuvre du Christ. La représentation circulaire est la clé de la mission « secrète » de cette chevalerie Templière ou civile, et je renvoie le lecteur au tableau de la figure 16 qui l'explique à mon sens, mieux que mille mots.

Chevalerie, Temple et Église

Quoi de plus naturel que de confier la direction spirituelle de la Quête à l'Église ? Et pourtant, la réalité est bien différente. il est frappant de constater tout au long des romans des chevaliers du Graal, aussi bien chez Chrétien que Wolfram, de Boron et les autres, l'absence quasi systématique du clergé séculier. Cela ne dérangerait personne s'il s'agissait d'un sujet entièrement profane, mais le sujet est tout sauf profane ; il se situe même au cœur de l'activité religieuse de l'homme. Ainsi l'absence des prêtres ne peut pas être fortuite. Elle a un sens.

Pour tenter de le percer il convient de regarder de plus près les épisodes fréquents où un enseignement spirituel est dispensé aux chevaliers du Graal. Ils sont marqués par la présence de moines mais plus souvent encore par celle des ermites. Nous en avons rencontré un – essentiel – dans le parcours de Perceval, il en existe de nombreux dans le Lancelot en prose et ils sont très nombreux dans le Perlesvaux. C'est avec ces ermites que se met en œuvre l'enseignement spirituel du chevalier. Et cet enseignement revêt un caractère très particulier, puisque – nous l'avons aussi déjà remarqué – c'est l'occasion pour Perceval de recevoir une oraison « secrète ». Tout se passe donc comme s'il existait un corps ecclésiastique autonome, spécifiquement dédié à l'édification religieuse de la caste des chevaliers. Ce sentiment se confirme en constatant la fréquence des liens familiaux qui unissent les chevaliers aux ermites. Il devient une certitude quand on observe que les ermites sont la plupart du temps d'anciens chevaliers.

Par contre je pense qu'il serait erroné de voir dans cette collusion « chevalier-ermite » une absorption nobiliaire. Ce n'est pas un « clergé parallèle » tout à la dévotion des grands féodaux. Pour cela les féodaux avaient leurs propres chapelains. Il s'agit à mon sens d'une « autre église » dans laquelle n'entrent que des élus, qui représentent une élite spirituelle et non pas génétique. Preuve de cette assertion : l'origine « populaire » de certains ermites ce sont aussi bien d'anciens « sergents » que des prud'hommes de souche roturière. L'un d'eux rappelle à Bohort qu'il avait été adoubé par le père de ce chevalier, alors qu'il n'était qu'un sergent à son service. Il existe aussi, bien entendu, des ermites issus d'un « haut lignage » et parfois même de la famille du chevalier, ce n'est toutefois pas une règle.

Force nous est donc de constater que la chevalerie dispose d'interlocuteurs spirituels qui lui sont propres et sont d'origines diverses. Quelle est donc cette église parallèle ? Une église secrète qui ferait le pendant de celle « publique » de Pierre ? Étrange organisation qui n'aurait aucune réalité de groupe, mais la seule vocation de nouer des contacts individuels avec ceux qui la cherchent. Étrange proximité aussi avec l'Ordre du Temple qui s'est immédiatement libéré de l'autorité de l'église de son époque. Les privilèges qu'il avait obtenus du Pape lui permettaient de ne relever d'aucune façon ni de l'autorité matérielle (impôts, propriétés foncières) ni de l'autorité spirituelle (lieux de culte, confession) du clergé séculier. Relevons aussi que l'écu de Galaad, décrit par Gauthier Map, est d'argent frappé d'une croix vermeille, tracée du sang du Christ, par la main même de Joseph d'Arimathie.

On observera enfin quel plaisir évident prennent les ermites à recevoir des chevaliers, venus frapper « par hasard » à leur porte. Le bonheur d'être ensemble est tellement visible que l'on devine une relation autre que celle de la simple hospitalité. Il s'agit bien du bonheur d'habiter ensemble que nous décrit le psaume 132 que l'on récitait lors de la réception d'un nouveau Templier. « Ecce quam bonum et quam jucundum habitare fratres in unum ». Et ce bonheur ne doit rien à la joie de remplir le devoir d'hospitalité, mais il se situe sur le plan de la fraternité.
Cette relation de « frères » entre des hommes qui n'ont aucun patrimoine génétique commun est une des clés des symboles du Graal. Les chevaliers sont frères entre eux, de même que les ermites et cette relation tisse entre eux des liens aussi forts que ceux du sang. C'est d'ailleurs pourquoi ils ont choisi le terme de frères, alors que d'autres « confréries » d'hommes utilisent celui de compagnon. On peut ajouter à ce faisceau de preuve le titre officiel de *commilitia templi*, que les templiers utilisaient par exemple dans leurs sceaux. Le mot *commilitia* traduit

à la fois le métier des combattants et la *com-munauté* ou fraternité d'armes qui les relie.

Guillaume « Le Maréchal »

Un personnage illustre parfaitement ce passage de la chevalerie « terrestre » à la chevalerie « céleste » templière : « Guillaume le Maréchal ». Né vers 1145 et mort en 1219, cet homme incarne par son courage et sa loyauté l'ensemble des vertus fondamentales de la chevalerie, telles que Raymond Lulle, saint Bernard, Aliénor d'Aquitaine en ont défini les termes. Né sans fortune car il était cadet de famille, il se fit très tôt un renom dans les tournois, qui constituaient pour les chevaliers « errants » la principale source de revenus. Sa vaillance de combattant lui valut d'être choisi pour le service d'Aliénor d'Aquitaine. Il fut toute sa vie l'exemple de la bravoure, aussi bien dans les tournois que sur les champs de bataille, en Europe au service de la monarchie britannique ou au Moyen Orient puisqu'il combattit aux côtés des Templiers en Palestine en 1185. Il réussit le tour de force de servir fidèlement la monarchie anglaise, malgré les querelles intestines qui la rongeaient. Sa loyauté fut reconnue aussi bien par Aliénor que par Henri II et son fils Henri le Jeune Roi, Richard Cœur de Lion ou Jean sans Terre. À la mort de ce dernier, l'autorité du « Maréchal » atteint son apogée. Il est chargé de la régence du jeune Roi (le futur Henri III). Le pauvre chevalier laïc est alors devenu le second personnage du Royaume. Sa loyauté et sa fidélité, inspirées de l'idéal chevaleresque, sont citées en exemple même par ses adversaires. En apprenant sa mort, Philippe Auguste reconnut que «*Le Maréchal fut, selon mon jugement, le plus loyal, vrai, que j'aie jamais connu en quelque lieu que je fusse.*». Jean de Rouvray, proche conseiller du Roi ajouta : «*ce fut le plus sage chevalier qui fut en nul lieu de notre temps*» [87]

Le meilleur chevalier du siècle termina sa vie comblé de richesses et d'honneurs. Toutefois, au seuil de son existence, il se donna à l'Ordre du Temple, et c'est revêtu du manteau blanc, frappé de la croix pattée, qu'il fut enterré.

G. Duby a relevé dans cet épisode qu'il permet de rectifier deux témoignages fallacieux[88]. *D'abord celui de la littérature hagiographique qui présente tous les chevaliers pour des petits saint Alexis ou saint Maurice, confits dans des dévotions dociles, mais aussi le témoignage de la littérature de fiction romanesque, tendue contre l'idéologie cléricale et qui, à l'inverse appuie trop sur le profane. La piété vraie qui se découvre est confiance en Dieu, paisible, usant modérément des prêtres. Et c'est dans le cadre institutionnel, le mieux accordé à l'esprit de chevalerie, l'Ordre des Templiers, que le souci du religieux se manifeste en premier.*

C'est dans l'église du Temple à Londres, que fut inhumé le Maréchal, aux côtés d'Aimery de sainte Maure, Maître de l'Ordre en Angleterre et décédé quelques jours avant son glorieux novice.

Guillaume le Maréchal, image vivante des chevaliers de la Table Ronde, illustre ainsi parfaitement le passage du plan terrestre au plan céleste. Et nous trouvons dans son choix de mourir sous l'habit du

Temple, la confirmation de l'influence que celui-ci exerça sur les chevaliers de son époque.

Il serait pourtant exagéré de voir en le Maréchal une image de Perceval, car Guillaume n'est pas titulaire d'un destin « surnaturel », ni héritier d'une lignée légitime. Mais il constitue l'exemple de l'aboutissement brillant d'une carrière construite sur les préceptes moraux et les vertus d'honneur de la chevalerie.

IV

LA MYSTÉRIEUSE FILIATION
DU CHRIST-ROI

Nous avons observé plus haut l'organisation « triangulaire » des personnages et en particulier l'image d'une triple suzeraineté. Il s'agit pour mémoire des trois personnages de Guenièvre (et Arthur), du Roi Pêcheur et de l'Ermite. Nous sommes ainsi confrontés à trois niveaux d'obéissance :

• **obéissance aux grands féodaux**, princes mérovingiens puis carolingiens dont Arthur nous fournit l'exemple. Leur pouvoir est affaibli et ils ne peuvent plus assurer eux-mêmes l'ordre social dont ils sont responsables devant le Roi. Alors, comme Arthur, ils font appel à la chevalerie et supportent l'émergence de cette nouvelle classe sociale, qui ne se recrute plus parmi la seule noblesse et dont les exigences morales et spirituelles donnent une nouvelle dimension à l'ancien « potestas ». Nous avons déjà noté que, dans le Conte du Graal de Chrétien de Troyes, jamais le pouvoir Royal (celui d'Arthur) ne sera contesté par Perceval. Paradoxalement, ce chevalier qui supplée à la défaillance du Roi (en vengeant Guenièvre à sa place et en choisissant un autre chevalier pour l'adouber) ne remettra jamais en cause le lien de vassalité qui le lie à Arthur. C'est à la cour d'Arthur que seront envoyés les soixante chevaliers vaincus et faits prisonniers par Perceval.

• **obéissance au «merveilleux».** L'acceptation du «merveilleux» (on dit aujourd'hui para-normal) est une donnée fondamentale du comportement du haut Moyen Âge. Les phénomènes miraculeux sont du domaine de la vie courante, ce que Chrétien de Troyes traduit en situant le château du Roi Pêcheur à proximité immédiate de celui d'Arthur. Nous reviendrons sur le contenu étrange de ce lieu des «merveilles» dont l'organisation est calquée sur la hiérarchie profane. Ce qui semble certain c'est d'observer que le merveilleux ne se manifeste pas à n'importe qui. Seuls des hommes dignes entrent en contact avec lui. Et leur dignité provient aussi bien d'une grande souffrance collective (apparitions publiques de la Vierge) ou individuelle (contact permanent du Roi méhaigné avec le Graal), que d'une préparation personnelle de l'individu (Perceval ou Galaad). Dans ce contexte le roman de Chrétien est un mode d'emploi pour permettre à chaque chevalier, par le perfectionnement de soi, de devenir à son tour le réceptacle des signes célestes.

• **obéissance au Christ** et à la vie éternelle qu'il propose à ceux qui ont su recevoir et entendre le message.

À propos de la Royauté du Christ, il paraît important de relever l'annonce dès l'Ancien Testament de l'arrivée prochaine d'un Messie destiné à prendre en charge l'humanité. Le simple fait d'utiliser le nom de Christ pour désigner Jésus de Nazareth traduit bien la dimension royale de sa mission puisque l'onction est le signe essentiel de la monarchie. Le fait de l'appeler « Seigneur » (Dominus en latin) confirme cette approche. Dieu est « le Père » et Jésus, son fils, est « notre Seigneur ».

D'où l'extrême difficulté à justifier l'existence d'autres « seigneurs » dans la société civile, et en particulier de situer clairement les domaines respectifs des féodaux héréditaires et des successeurs de l'Église de Pierre. Le Haut Moyen Âge patauge dans cette ambiguïté, qui lui vaudra de connaître alternativement des périodes de toute puissance Papale, avec pour point d'orgue l'amende honorable d'Henri IV à Canossa, des périodes où à l'inverse le Pape devint le jouet du pouvoir temporel (épisode de la Papauté en Avignon) et d'autres enfin ou les uns et les autres recourraient aux armes pour régler leurs conflits (épisodes des luttes entres Guelfes et Gibelins).

Pour revenir à la royauté du Christ, nous sommes en présence d'un dogme primitif, reflet d'une dévotion fondamentale[89]. La vivacité de ce dogme perdure encore au XXe siècle avec le bref de Pie XI en date de 1927 qui érige en Archiconfrérie-Mère la ligue universelle du Christ-Roi. Cette société se propose de redonner au Christ ses droits régaliens sur l'inspiration permanente de la vie civile, et entre en lutte ouverte contre les doctrines Luthérienne (droit au libre examen dans les questions de la foi) et révolutionnaire (éviction de l'église dans la conduite des affaires de l'État).

Le fondement de la doctrine de la Royauté du Christ tient au fait que l'ouvrier reste le Maître de son œuvre qui ne peut d'elle-même s'y dérober. Et ceux qui se déroberont à la Loi d'Amour n'échapperont pas à celle de la Justice ultime. Le Christ Roi n'est toutefois qu'une partie de la Royauté Divine. Son territoire est celui de l'Humano-divin.

L'ancien Testament a défini son rôle : Isaïe IX 6-7 *« Un enfant nous est né, un fils nous a été donné ; l'empire est sur son épaule, on le nomme conseiller admirable, Dieu fort, père Eternel, prince de la Paix. (il nous est donné) pour étendre l'empire et donner une paix sans fin au trône de David et à sa royauté par le droit et par la justice, dès maintenant et pour toujours... le Seigneur des armées fera ce que je dis ».*
Le Messie est donc clairement annoncé et son rôle militaire défini. Au Psaume II nous voyons le fils de Dieu publier les décrets de son père.

Vint alors Jésus, le Christ, qui ne se cacha pas d'être effectivement le Messie-Roi annoncé entre autres par David et Isaïe. Jean (IV 25-26) nous rapporte qu'il a conforté la Samaritaine dans son identification spontanée de Jésus au Messie annoncé. *« Je le suis, moi qui te parle ».* Matthieu nous relate l'adresse commune qu'il reçoit de Marthe et de Pierre : « *tu es le Messie, fils du Dieu vivant* ». Plus encore, Jésus laisse la foule l'acclamer sous les mots « *Hosanna, beni soit celui qui vient au nom du seigneur, le Roi d'Israël* » et Jean observe (XII 13-15) : « *ne crains point, fille de Sion, voici ton Roi qui vient sur le petit d'une ânesse* ». Plus explicite est encore la réponse de Jésus à Pilate qui lui demandait « es-tu Roi ? » : « *Tu le dis, je suis Roi* ». Voici pour les paroles du Christ lui-même. Penchons nous sur ses actes.

L'amour nous dit le livre de la Sagesse (VI-19) « est le gardien des lois ». Et le Christ exerça dans son bref ministère terrestre le pouvoir législatif : il a choisi ses ministres, donné ses instructions pour organiser son église, prescrit la façon de prier, de baptiser. Ses paroles étaient prononcées avec « autorité » (Matt. VII, 29) et toute résistance était jugée par lui comme une hostilité, et il avait annoncé clairement qu'il n'était pas venu apporter la Paix mais l'épée.

Il exerce également le pouvoir judiciaire en remettant ses péchés au paralytique de Capharnaüim causant ainsi l'effroi des pharisiens, ou à la femme adultère à l'encontre de la Loi Juive. Il affirme avoir reçu toute délégation du Père pour exercer le pouvoir de Justice envers les hommes (Jean V 22-23). Il est donc fondé à juger les vivants et les morts.

Il précise sa primauté et exige la préséance « *afin que tous honorent le Fils comme ils honorent le Père* » (Jean V 22-23). Enfin il exerce un pouvoir exécutif en donnant des ordres très nets à ses disciples « *Comme le Père m'a envoyé, moi aussi je vous envoie* » (Jean XX 21-23).

La royauté du Christ n'est donc pas une vue de l'esprit mais bel et bien une réalité historique, pour peu qu'on accorde du crédit aux textes qui sont cités. On remarquera à ce propos l'abondance des sources tirées de l'évangile de Jean.

La royauté du Christ est par ailleurs de nature Humano-divine et non pas seulement divine. Il est en effet le verbe incarné et procède du choix de Dieu dont il a reçu la grâce sanctifiante. C'est cette grâce que les dynasties régnantes vont s'ingénier (vainement) à obtenir puis à falsifier par la mise en place de miracles douteux, du type de celui de la sainte Colombe apportant le chrème destiné au baptême de Clovis. Saint Paul insiste sur la royauté que le Christ s'est acquise au mérite : « *nous te rendons grâce.../... qui nous a transférés sous la Royauté de ton Fils bien-aimé, en qui nous avons la rédemption par son sang, la rémission des péchés.../... car il doit avoir le premier rang en tout* ».

Et pourtant, malgré tout ce pouvoir, le Christ a affirmé que « son Royaume n'était pas de ce monde ». Le Christ n'a donc exercé qu'une royauté de nature spirituelle. Mais « toute puissance » lui ayant été donnée, il aurait pu aller au-delà du spirituel, et il pourrait encore le faire à tout moment. Comment cela ? Deux hypothèses sont à retenir : Le retour du Christ lui-même, ou celui de ses serviteurs incontestables. Dans son étonnant ouvrage « Le Royaume du Graal »[90], Robin nous révèle que Saint-Louis se qualifiait lui-même de « Roi de la fève ». Et l'auteur interprète cette allégorie comme la confirmation que le Christ est le véritable Roi de France, et que les Princes ne sont légitimes que pour autant qu'ils tiennent de lui leur pouvoir « en commande ». Robin ajoute que la royauté du Christ ne sera effective et reconnue de tous qu'à la fin des temps et qu'en attendant, il est bien le Roi légitime, mais un Roi caché, méconnu, type même du Roi perdu. Les lecteurs de ce livre seraient intéressés de trouver la source référencée de cette étrange image employée par Saint-Louis. Elle explique en effet parfaitement la symbolique christique et royale de la Galette des rois. Dans cette galette on trouve en effet une « fève » dont la forme la plus fréquente est celle d'un poisson (ère des poissons) ou d'un baigneur (image de l'enfant-roi caché dans la grotte). Le folklore rural voulait qu'un jeune enfant caché sous la table, attribue au hasard les parts que sa mère découpait. La mère s'adressait à lui dans les termes : « *Phoebe Domine pour qui ?* » L'enfant désignait alors le convive destinataire. Cette coutume que j'ai vu pratiquer moi-même dans le Berry, est relatée par E. Canseliet dans son ouvrage *Alchimie*. L'expression « *Phoebe Domine* » est de toute évidence une invocation à Apollon, ce qui n'a rien d'étonnant puisque la galette dorée et striée de rayons partant de son centre constitue un symbole solaire incontestable. Le petit Roi solaire, lumière du monde, est encore caché dans les ténèbres de la galette, et cette cérémonie a pour but de le faire éclore. Mais qui le sait encore ? Nous voyons à ce propos combien Jean l'Évangéliste avait raison de nous dire : « La lumière luit dans les ténèbres, et les ténèbres ne l'ont point reçue ».

Concernant Saint-Louis, vous remarquerez aussi, en étudiant de plus près la figure page 101, qu'il règne sur la France dans la portion du cercle dévolue au signe de la Balance. Surprenante analogie avec le signe de la Justice et le Roi qui rendait justice sous un chêne. La tradition nous rapporte également que Saint-Louis fit l'acquisition aux usuriers de l'Empereur de Byzance de la seconde moitié de la couronne d'épines du Christ. La première moitié étant détenue depuis Charlemagne par les Rois de France, il fut alors en possession de la relique complète. Nouvel effort sans doute pour légitimer par les reliques, la monarchie Capétienne.

C'est sur ce plan que nous trouvons d'étranges connexions avec la symbolique du Graal. Et nous allons devoir nous pencher sur le personnage-clé de Joseph d'Arimathie.

Joseph d'Arimathie, personnage majeur de la chevalerie du Graal

Le premier fait à noter est que le roman de Chrétien de Troyes met en scène les personnages d'une lignée dynastique. Dès le départ, le jeune Perceval nous est annoncé fils de chevalier. Nous voyons chez lui l'appel du sang prendre le pas sur les injonctions maternelles. Par ailleurs une forme permanente de « reconnaissance intuitive » se manifeste dans le roman.

Ainsi, à peine arrivé à la cour d'Arthur, une pucelle (la pucelle-qui-rit) le reconnaît pour être celui qui *« de chevalerie aura tote la seignorie »* (vers 1018). Ainsi encore, à peine arrivé au château du Graal, il se voit remettre une épée merveilleuse qui lui fut *« jugée et destinée »* (vers 3106). Plus loin dans le roman, nous constaterons (et nous l'avons constaté ensemble) que le Roi Pêcheur est en fait le fils de son oncle maternel, de même que l'Ermite est aussi son oncle.

Or, le père de Perceval avait eu trois fils, dont notre héros – le cadet – est le dernier survivant. Le Roi Pêcheur, blessé « parmi les jambes », ne peut probablement pas avoir de descendance. Quant à l'Ermite, son statut ecclésiastique l'oblige probablement à la chasteté. Ainsi Perceval se retrouve être l'héritier légitime de cette famille et en particulier du Roi Pêcheur, gardien du Graal. C'est ce que lui annonce sa « Cousine » dans la forêt qui le reconnaît aussi par intuition et ce que lui confirme l'Ermite à la fin du conte. Ainsi, et comme le remarque Jean Frappier le mystère du Graal prend l'allure d'un secret de famille[91]. Mais l'œuvre de Chrétien étant « inachevée » nous n'en savons pas plus sur l'origine mystérieuse de cette dynastie. C'est donc vers les « continuations » qu'il convient de rechercher des éclaircissements.

Les continuateurs se sont en effet engouffrés dans ce mystère des origines de la dynastie du Graal. Leur objectif a été – de façon constante – de raccrocher le destin de la chevalerie aux sources fondamentales de la chrétienté. La chevalerie est alors présentée

comme « une élite vaguement théocratique, apte à recevoir du ciel des messages directs »[92].
La prédestination que nous évoquions plus haut à propos de Perceval, devient encore plus solennelle chez Wolfram. C'est le ciel qui imprime sur une pierre mystérieuse le nom des chevaliers élus pour approcher le Graal. Robert de Boron met en scène le personnage de Joseph d'Arimathie, sur lequel il convient de nous pencher sérieusement. Joseph d'Arimathie est un personnage cité dans les quatre évangiles. Cette unanimité constitue en soi un signe, car elle n'existe pas pour tous les épisodes de la vie et de la mort du Christ. C'est un « homme riche » selon Matthieu (Ch XXVI !, 57), un décurion selon Luc (XXIII, 50-51), et un noble décurion chez Marc (Ch XV, 42-43). immédiatement on pense à ce Roi Pêcheur, nommé fréquemment « le Riche Pêcheur », ancien chevalier lui-même, qui ressemble à ce riche décurion, capable de convaincre Pilate de lui laisser le corps du Christ. il est à noter que Jean ne donne aucun élément sur le statut social de Joseph d'Arimathie. Par contre il nous le décrit comme étant celui qui « *aimait le Christ en secret par crainte des juifs* » (discipulus sed occultus Ch XIX, 39). Les quatre évangiles du Canon s'accordent dans leur brièveté pour nous dire que c'est à Joseph d'Arimathie que Pilate accepta de remettre le corps de Jésus. Étrange demande pour celui qui aimait le Christ « en secret, par crainte des Juifs », car elle officialisait sa foi hérétique. Pourquoi le riche décurion aurait-il cessé brusquement d'avoir peur ? Et pourquoi les disciples publics (Apôtres) n'ont-ils pas eux-mêmes récupéré

le corps ? Et pourquoi enfin Joseph d'Arimathie, décurion de l'armée, aurait-il eu peur d'un peuple qu'il avait pour mission permanente de mater par la force ? Autant de questions sans réponse cohérente, qui nous laissent à penser que le lien entre le Christ et Joseph d'Arimathie était d'un tout autre ordre que celui entre un Maître et un disciple timoré. Pour en savoir plus sur ce personnage il est nécessaire de se pencher sur les « évangiles apocryphes et sur celui de Nicodème en particulier. Nous y apprenons que Joseph d'Arimathie fut arrêté par les Juifs, ce qui est proprement inconcevable à l'encontre d'un décurion romain, et que le Christ après l'avoir visité dans sa prison le délivra. Le riche décurion devient alors un homme privilégié et reconnu, même des juifs dont il réussit à apaiser la haine. Il leur raconte l'irruption du Christ dans la cellule où il était enfermé :

« À minuit, tandis que j'étais debout à prier, la maison où vous m'aviez enfermé se souleva par les quatre coins et une sorte d'éclair vint éblouir mes yeux. Épouvanté je tombai à terre. Alors quelqu'un me prit par la main et m'enleva de l'endroit où je gisais, et une eau fraîche coula sur moi de la tête aux pieds, tandis que des effluves de myrrhe emplissaient mes narines »[93].

Cette image reprend la description de l'état de grâce d'Aaron qui figure au psaume 132 :

« c'est comme sur la tête un parfum précieux, qui descend sur la barbe, la barbe d'Aaron, qui descend sur le col de ses vêtements, c'est comme la rosée sacrée d'Hermon qui descend sur les hauteurs de Sion, c'est là que Iahvé dispense sa bénédiction, la vie à tout jamais ».

Or c'est ce même psaume 132 qui (voir supra) était récité pour la réception dans l'Ordre du Temple d'un nouveau chevalier. Il était donc rappelé au néophyte l'expérience baptismale de Joseph le décurion, et la cérémonie devait sans doute procéder à des onctions de parfums.

Nous voici donc confrontés à une nouvelle association de Joseph d'Arimathie et du Temple.

Pour poursuivre le texte de Robert de Boron, il est à remarquer que d'après cet auteur, c'est lui et son lignage qui ont évangélisé la Grande-Bretagne. C'est aussi Robert de Boron qui connecte le Graal au vase ayant servi à la Cène et à recueillir le sang du Christ. Rien de tout ceci ne provient de l'évangile de Nicodème. C'est aussi à Robert de Boron que l'on doit le lignage de Perceval remontant à Joseph d'Arimathie. Et là aussi nous sommes confrontés à d'étranges incohérences sur le plan de la datation. Joseph d'Arimathie serait mort sans descendance directe et aurait transmis ses secrets et le Graal à son beau-frère Hebron ou Bron. Bron avait douze fils et l'un d'eux, Alain, fut le père de Perceval. Le Riche Pêcheur serait donc plutôt un frère d'Alain, de même que l'Ermite et le père du Roi Pêcheur qui se nourrit d'Hostie depuis douze ans serait Bron lui-même, c'est-à-dire le mari de la sœur de Joseph d'Arimathie. Or si l'on date la mort d'Arthur de 542 après J.-C.[94] il faudrait que chaque génération ait vécu près de deux siècles… S'agit-il de la « Vie à tout jamais » promise parle psaume 132 ? Chez tous les auteurs qui ont repris la succession des générations pour connecter la chevalerie à Joseph d'Arimathie, on trouve la même économie de générations. Ils ne peuvent pas tous avoir franchi délibérément cette incohérence. Le point de départ de cette dynastie ne serait-il pas plutôt à situer à la fin du deuxième ou au troisième siècle ? Et quelle serait cette lignée ?

C'est sans doute là que se situe le vrai mystère du Graal.
Bien sûr, les Romans du Graal, offrent une pédagogie de l'élévation spirituelle des chevaliers.
Bien sûr aussi une voie leur est tracée pour passer d'une chevalerie « terrestre » à une chevalerie « céleste ». Mais surtout, on nous y présente une chevalerie « au service » d'un grand dessein social qui dépasse le cadre des dynasties régnantes. Le Perlesvaux fait descendre son héros à la fois de Joseph d'Arimathie (lignée maternelle) et Nicodème du côté paternel. Or Nicodème signifie en grec « victoire du peuple », ce qui laisse à supposer que l'objet social de cette dynastie est de réaliser un gouvernement issu de la victoire du peuple. Mais cela ne signifie pas pour autant la mise en place d'une démocratie. Les hommes chargés de cette tâche sont manifestement des élus au sens spirituel, issus d'une lignée dont la filiation avec l'enseignement du Christ est incontestable. Nous obtenons ainsi deux types de filiations légitimes :
la filiation par le **sang réal** c'est-à-dire la filiation « génétique », et celle par le saint Graal qui est d'ordre spirituel. La ressemblance phonétique entre les deux formules constitue aussi une voie de recherche intéressante. Sont-elles indépendantes ou les deux condi-

tions doivent-elles être réunies ? Je reste pour ma part persuadé que les deux voies sont concomitantes, et que cette lignée salvatrice est à la confluence du sang et de l'esprit.

Se pose alors la question de savoir quel rôle devaient jouer les chevaliers et en particulier ceux du Temple dans la restauration (ou plutôt l'instauration) envisagée d'une autorité fidèle à l'enseignement du Christ. C'est l'Histoire qui nous donne la réponse avec le double mouvement mis en place d'une part pour fondre la chevalerie au sein d'une noblesse héréditaire, et d'autre part pour détruire l'Ordre du Temple avec la duplicité que l'on sait.

Les choses sont donc restées en place, les monarchies Européennes ont conservé leur pouvoir et leurs privilèges, et la noblesse a absorbé cette nouvelle caste dangereuse que constituaient les Chevaliers d'esprit. Et l'Europe est passée à côté d'une étonnante mutation qui lui aurait peut-être épargné la Révolution Française et les guerres sanglantes des XIXe et XXe siècles. Mais on ne refait pas l'Histoire, et quelque chose me dit que les Templiers eux-mêmes n'avaient pas la moindre ignorance de la vanité de leur dessein.

Mais alors, qu'est devenu le message du Christ-Roi, et ceux qui se le transmettent par le sang ?

C'est sur ce point que devront s'orienter les recherches désormais.

Les romans du Graal nous livrent aussi des sources complémentaires de cette légitimité du sang. Ainsi La Queste del saint Graal dont le héros est Galaad, rapporte que Salomon, le Roi plein de sagesse, qui commanda la construction du Temple de Jérusalem, fut avisé de la double issue glorieuse de son lignage : le Christ d'une part et Galaad de l'autre. Il fait alors construire une nef qui erre sur l'eau et par-delà le temps jusqu'à ce que Galaad soit guidé vers elle[95]. Et Perceval qui est monté avec lui sur le bateau, adoube Galaad avec l'épée de David.

Il faut un « sacré » culot pour introduire ainsi un héros dont l'ascendance est aussi glorieuse que celle du Christ et qui finalement éveille plus d'intérêt pour Salomon que Jésus lui-même !

Mais il faut aussi de curieuses protections pour que l'église de l'époque (qui n'était pas tendre avec les infidèles ni les hérétiques) ait laissé passer cette audace inouïe.

Voici donc notre Chevalerie qui se réclame aussi d'une origine souchée sur l'ancien Testament. On ne pourra s'empêcher de faire un parallèle avec d'autres groupes sociaux de l'époque : Les tailleurs de pierres et maçons qui tiennent leur savoir professionnel de l'architecte Hiram de Tyr qui construisit le Temple de Jérusalem, les Templiers dont le nom fut choisi en raison du domicile qui leur avait été concédé sur l'esplanade du même Temple.

Pour conclure sur ce point, j'observerai qu'il est compréhensible de voir cette caste chevaleresque s'attribuer l'honneur d'un très ancien lignage. Par contre le silence de l'Église ne se comprend pas aussi aisément. Encore moins quand on observe l'évidente communauté d'intérêts entre un saint Bernard, surnommé « le chevalier de la Vierge », auteur d'une vibrante apologie de la chevalerie, et les ordres monastiques ou laïques.

Il faut donc bien qu'un grand dessein, fort et secret, ait animé les esprits des hommes de cette époque. Il faut aussi à mon avis, que ce mystère ait été d'une bien grande importance pour que rien n'en soit transparu, pas plus d'ailleurs que sur celui de la destruction de l'Ordre du Temple.

Sur les traces de saint Thomas

Nous évoquons rarement la mémoire de cet Apôtre, et pourtant…
C'est l'évangéliste Jean qui est le chroniqueur principal de Thomas, et de ses échanges avec Jésus. L'enseignement donné par Jésus à Thomas se situe sur un plan élevé. Il est paradoxal que cet homme sceptique ait été celui (le seul) qui incita le groupe à suivre le Christ pour son ultime voyage à Jérusalem. *« allons-y et mourrons avec lui »*. La « Fleur des saints » d'Omer Englebert[96] relève que ce saint Apôtre est le patron des Maçons (tailleurs de pierre),et des Architectes. Étonnante analogie avec la Franc Maçonnerie dont la source gnostique semble confortée. La démarche de Thomas, faite de doute, est celle du scientifique, pas du tout celle de la grâce. Dans la statuaire médiévale, Thomas est souvent représenté tenant une équerre à la main. Mais une fois convaincu, et après avoir touché du doigt les

Saint Thomas touchant les plaies du Christ.
Hôtel Berbisey Dijon.

plaies du Christ, Thomas alla évangéliser les Indes (dit un apocryphe). On retrouve en effet encore aujourd'hui sur la côte Sud-ouest du Dekkan une Église dénommée « des chrétiens de saint Thomas » qui pratique le rite « syro-malabar » et compte encore plusieurs centaines de milliers de fidèles.

Dans le roman Titurel, le héros fonde un temple pour recevoir le « saint Vaissel », et Merlin en dirige les travaux, selon les normes du Temple de Salomon qui lui ont été transmises par Joseph d'Arimathie. R, Guénon observe que Perceval transfère ensuite le Graal en Inde où il rebâtit son Temple. Thomas a certainement évangélisé la Macédoine et la contrée d'Edesse, qui constituait une colonie Macédonienne à l'époque. En témoigne l'épisode des deux amies Sintice et Migdomie qui correspondent à des provinces macédoniennes. La légende veut qu'à sa mort, son corps ait été transporté à Edesse. Or, Thomas signifie en Hébreu : « Jumeau ». Jumeau de qui ? Pas d'un autre apôtre en tout cas. Il est en réalité le jumeau d'Hiram. Architecte comme son prédécesseur de l'univers vétéro-testamentaire, il bâtit un palais somptueux aux divines proportions[97]. Martyr comme lui, il représente la deuxième mort initiatique, la mort à soi-même, qui suit le renoncement au monde.

Sa place « zodiacale » le situe en Scorpion[98]. Il est donc le huitième Apôtre, celui sur qui finit le parcours du dodécagone étoilé (voir figure 29). Thomas l'architecte rejoint alors le thème du Graal, aussi bien par le métier (élever un Temple) que par la filiation évidente de Joseph d'Arirnathie. Pour ceux qui douteraient de cette analogie, il suffit d'ouvrir un calendrier. Thomas se fête le 3 juillet. Le même jour[99] est célébré un Bienheureux moins connu dans la hiérarchie canonique : Raymond Lulle ! Cet alchimiste célèbre, auteur d'un traité de chevalerie éloquent (il était lui-même chevalier), fut toutefois canonisé pour son œuvre théologique. L'église actuelle nie qu'il soit l'auteur des traités d'Alchimie et d'Astrologie que nous lui attribuons. Mais leur origine est pourtant incontestable.

Cette date du 3 juillet pour la fête de saint Thomas est « officielle ». Elle est annoncée aussi bien par Englebert dans sa *Fleur des saints* que par le *Dictionnaire hagiographique des 10 000 saints* édité par Brepols, ainsi que par les tables calendaires. Mais Kellerhoven dans sa *Vie des saints* (texte de Riancey) nous donne curieusement le 21 décembre. Est-ce une erreur ? En fait non, car les deux dates sont recensées dans le *Martyrologe d'Adon* du IXe siècle, qui a été publié par le CNRS en 1989 grâce aux travaux de Dom Dubois et de Geneviève Renaud. La dimension cosmique de Thomas s'affirme avec l'association de sa fête et du solstice d'hiver. Il devient dès lors possible d'imaginer que la gémellité de Thomas et d'Hiram se double d'une gémellité bien réelle entre l'Apôtre et le Christ. Auquel cas la thèse d'une transmission familiale du Graal par la lignée de Joseph d'Arimathie, qui est amplement développée dans les continuations de l'œuvre de Chrétien de Troyes, devient de plus en plus plausible et cohérente. Reste à découvrir quels types de liens familiaux unissaient Joseph d'Arimathie à Thomas et donc au Christ.

Se pose alors une question ultime : pourquoi aucune église n'est-elle consacrée à St Thomas ? Car autant que je sache, on ne trouve aucune dédicace à ce saint hormis une église en Cappadoce creusée dans le roc, et donc n'utilisant ni les ressources de l'architecture ni celles des tailleurs de pierres. Rares sont aussi les représentations visuelles de l'apôtre. L'une des plus belles est une statue en bois conservée à Dijon en l'Hôtel de Thomas Berbisey et qui est encore visible dans l'arrière-cour du restaurant « les œnophiles ». Elle est du XVe siècle et dans un parfait état de conservation (page 232).

On peut en conclure que dans la mesure où Thomas était le patron des Tailleurs et des architectes, les églises lui étaient par définition toutes dédiées. Mais cela suppose que Thomas a joué un rôle important dans la transmission de l'enseignement « secret » du Christ, et en particulier dans la transmission de celui-ci au sein des corporations de bâtisseurs. Ainsi Thomas devient l'Apôtre qui a laissé le message des pierres, Simon celui qui a utilisé la construction, Jean celui qui a transmis le message du Verbe, les neuf autres n'ayant fait que de rapporter verbalement les paroles de leur « Maître ». Voici un étrange éclairage sur le rôle de Thomas, qui lui donne à tout le moins une importance qu'on ne soupçonnait pas. Pour renforcer cette opinion, il convient de se pencher sur l'évangile apocryphe de Thomas, d'une brillante

simplicité, et que l'Église n'a pas retenu dans son Canon « de Muratori ». *« Jésus dit à Thomas : Je ne suis plus ton Maître puisque tu as bu et que tu t'es enivré à la source bouillonnante d'où moi-même je jaillis… Il le prit, se retira, et lui dit trois mots… »*
Évangile de Thomas, Logion 13.

Thomas nous a donc légué aussi un « évangile » qualifié d'apocryphe, c'est-à-dire « caché ». De deux choses l'une : ou bien les apocryphes témoignent d'un enseignement secret que le Christ aurait légué à certains disciples, ou bien ce sont des documents « sulfureux », vaguement hérétiques, en tout cas fortement teintés de l'influence du gnosticisme. En faveur de la thèse de l'hérésie, il y a la parole du Christ au Grand Prêtre, pour lui déclarer qu'il ne faisait pas de mystère, signifiant ainsi que son enseignement est universel. Il y a aussi la datation des apocryphes dont le plus ancien (le proto-évangile de Jacques) est situé vers 150, c'est-à-dire près de 50 ans au-delà du plus tardif des quatre du Canon. Mais en faveur de la thèse de la validité des apocryphes les arguments abondent. D'abord on ne peut pas renier l'existence d'une sélection des disciples. Il y eut Jean, le disciple que le Christ « aimait », il y eut les trois élus qui accompagnèrent Jésus lors de l'épisode de la Transfiguration ; il y eut encore Joseph d'Arimathie, qui « aimait le Christ en secret » et fut habilité (Dieu sait sur quels titres), à recevoir le corps du défunt. Rajoutons à ces évidences que l'Église Romaine a utilisé elle-même le matériau des apocryphes pour constituer sa doctrine. Ainsi c'est aux apocryphes et non à l'Évangile du « Canon », que nous devons tout le descriptif miraculeux de la naissance de Jésus (la grotte, le bœuf et l'âne, les Mages couronnés). Nous sommes aussi redevables aux mêmes apocryphes de l'ossature de la légende Mariale, dont nous savons l'importance essentielle qu'elle eut au Haut Moyen-Âge, pour combattre l'hérésie et restaurer la foi. Nous retiendrons par conséquent comme « plausible » le témoignage de Thomas. Et nous retiendrons comme très probable le fait qu'il ait reçu un enseignement spécifique, de forme trinitaire. Nous considérerons également comme évident que cet enseignement ait été transmis à ceux dont il est le saint Patron, c'est-à-dire les Maçons et les Architectes. Quelle que soit la valeur d'orthodoxie de cet évangile, il a été le legs chrétien majeur des confréries de bâtisseurs, qui – entre nous soit dit – en avaient reçu bien d'autres en provenance d'Égypte de Grèce ou d'Asie mineure.

Et ceci nous ouvre une nouvelle interrogation. Nous savons quels liens unissaient l'Ordre du Temple aux confréries de bâtisseurs. Le Temple était d'une part le principal client des corporations (songeons à ces milliers de bâtiments érigés en deux siècles) et d'autre part il en assurait la protection juridique. Les historiens s'accordent à concéder aux Templiers la direction des opératifs, ainsi que leur instruction ésotérique. Mais en sommes-nous bien certains ? et ne serait-ce pas l'inverse ? Ou du moins n'existe-t-il pas au-dessus de ces deux ordres une même direction commune et secrète ?

S'il en était ainsi, il faudrait qu'une lignée incontestable ait assuré la transmission du message du Christ (du message « secret » s'entend) depuis Thomas l'architecte jusqu'au Moyen Âge. On peut imaginer aussi que Joseph d'Arimathie ait assuré sa part dans cette transmission, et que la royauté secrète dont le Roi Pêcheur est la figure emblématique, en soit l'héritière spirituelle et matérielle (par la possession des reliques majeures que sont le Graal, la Lance de Longin et le Tailloir).

Alors bien des mystères pourraient s'éclaircir. De qui Thomas est-il le jumeau ? D'un Hiram symbolique dont il serait l'écho dans le monde de la « nouvelle alliance » ou tout simplement du Christ ? Et dans ce cas le saint Graal dont Perceval, muet contemple la procession, ne serait-il pas le « sang-réal » c'est-à-dire la lignée directe du Christ ?

Bien sûr, le royaume du Christ « n'est pas de ce monde », il l'a dit lui-même. Mais il n'a pas pour autant abandonné ce monde sans laisser derrière lui des hommes aptes à surveiller son évolution. Chacun peut croire ou nier l'existence d'une Église invisible, de même que le Château du Graal n'est pas visible à tous. Mais il est là, aussi près de celui d'Arthur que le Royaume de Dieu est près de notre main…

Reste à savoir quelle est cette mystérieuse dynastie qui se cache dans l'ombre, et dont tous les textes s'accordent à reconnaître qu'elle se transmet par le sang. S'agit-il d'une simple parabole figurant le sang du Christ et la transmission Eucharistique, ou d'une transmission bien réelle, « génétique », de la lignée des disciples « secrets » ?

Répondre à cette question éteindrait sans doute l'un des plus beaux mystères de la Transmission. Mais ne pas l'évoquer aurait constitué une faute majeure, identique à celle de Perceval, qui, pour n'avoir pas posé la question, passa à côté de son héritage et laissa la société Arthurienne dans son plus total désarroi.

Saint Grégoire l'Illuminateur

Né aux environs de 240 et mort vers 325, Grégoire doit son surnom d'illuminateur au fait qu'il a tiré l'Arménie des ténèbres pour en conduire le peuple vers la « *lumière qui est le Christ* » selon la formule de Jean (1, 4).
De même que Joseph d'Arimathie, Grégoire aimait le Christ en secret[100] Son cousin, le Roi d'Arménie Tiridate II (+ 314) dont il était le conseiller, ignorait aussi sa Foi chrétienne. Fils d'une Veuve comme Perceval, il fut persécuté par sa mère qui s'opposa farouchement à sa vocation. Ayant échappé à sa mère il se convertit d'abord à la vie cénobitique et fut le législateur des ordres monastiques arméniens. Le christianisme devint, grâce à Grégoire la religion officielle et les biens des anciens Temples furent dévolus à la nouvelle religion d'état. L'Église d'Arménie absorba alors une grande partie de l'ancien clergé païen. On peut noter à ce propos la précocité de la

conversion générale de tout le peuple Arménien. Rappelons-nous qu'il faudra attendre sept siècles pour qu'à son tour la désormais « sainte-Russie » entre officiellement dans le giron chrétien ! Grégoire conféra à la fin de sa vie le siège épiscopal à son fils Aristakès. Et l'Église Arménienne Grégorienne rompit très tôt avec l'autorité Romaine (si tant est qu'on puisse parler d'autorité) et resta « autocéphale ». Elle l'est encore de nos jours dans sa grande majorité et ne reconnaît que l'autorité de son « Catholicos » qui est le premier de ses évêques. Les deux premiers « Catholicos » ayant été saint Grégoire et son fils Aristakès.

Ces épisodes nous montrent clairement qu'il existe une transmission familiale des dignités communautaires chrétiennes, allant jusqu'à l'épiscopat, dans les premiers siècles du christianisme. Par ailleurs nous relevons l'existence permanente d'une église secrète dont les membres protègent certainement leur propre sécurité, mais aussi sans doute l'enseignement dont ils sont les dépositaires en droite ligne, depuis l'entourage du Christ. Si je prends soin d'utiliser le mot « entourage » c'est qu'il me semble qu'une recherche complémentaire doit être effectuée sur ce plan. Laissons par exemple le lecteur curieux apprécier les hypothèses que nous livre à ce propos Henri Blanquart[101]. Sans doute dérangent-elles fortement nos habitudes intellectuelles de chrétiens occidentaux, mais elles éclairent étrangement les obscurités des romans du Graal.

L'Église « secrète »

L'existence de cette église secrète se manifeste constamment.

Parfois le Christ est très explicite sur la réalité d'un enseignement qui n'est pas conçu pour tous. « *Après avoir ainsi parlé, Jésus dit à haute voix Que celui qui a des oreilles entende et ajoute : il vous a été donné de connaître les mystères du royaume de Dieu ; mais pour les autres, cela leur est dit en paraboles afin qu'en voyant, ils ne voient point, et qu'en entendant, ils ne comprennent point* » Luc VIII, 10.

Parfois il est plus réservé, comme dans l'épisode du discours à ses disciples, où il détourne la question fondamentale de Thadée (voir supra). Dans celui de la « Transfiguration » seuls trois de ses disciples furent autorisés de l'assister. De même, nous l'avons vu plus haut, Joseph d'Arirnathie, le riche décurion, que les évangélistes nous présentent comme un disciple « secret » témoigne d'étranges privilèges, et en particulier d'avoir obtenu de Pilate le droit de récupérer la dépouille du Maître. Mais il existe de nombreux autres témoignages. C'est l'apôtre Jean l'évangéliste, qui s'intitule lui-même « *le disciple que Jésus aimait* », et auquel se réfèrent tous ceux qui s'intéressent à l'aspect ésotérique de l'enseignement chrétien. C'est l'apôtre Paul qui dit : « *nous prêchons la sagesse de Dieu, mystérieuse et cachée* » Cor 11, 7. C'est l'apôtre Thomas qui reçoit en à parte « *Trois mots* » et dont les protégés (les maçons et les architectes) ont, mieux que quiconque, su « couvrir » leur Temple, afin « *qu'il ne pleuve pas à l'intérieur* » pour employer les termes de Sàint Jérôme dans sa préface Galéatique. C'est Grégoire de Naziance (Orat 1145) : « *tu as les plus connus des mystères ; les autres, tu les apprendras à l'intérieur et tu les cacheras en toi-même, dominé par le sceau du secret* ». C'est Clément d'Alexandrie qui qualifie la sagesse de : « *n'a pas à révéler à la masse ce qui n'appartient pas à la masse, (mais révéler) les mystères à une minorité capable de les recevoir* ».

C'est Perceval qui reçoit de son Oncle l'Ermite, une oraison secrète, chargée de le protéger, et qui lui est transmise comme un très grand secret dynastique. Le Zohar ne dit-il pas que « le monde n'est stable que par le secret » ?

Ainsi, tout laisse à penser que l'Église secrète, née de la volonté même du Christ, s'est régulièrement perpétrée en dehors des structures officielles romaines. Peut-être les continuateurs de Chrétien de Troyes ont-ils dit vrai en relatant le départ pour l'Europe occidentale des disciples secrets du Christ, avec le Graal pour certificat d'authenticité. Il est certain que les textes arthuriens ne présentent pas l'Église Romaine comme dépositaire officielle du Graal. Ce sont ainsi les ermites, ce clergé particulier de la chevalerie qui en détinrent à cette époque le dépôt. Sans doute peut-on imaginer que les ermites ont été les héritiers de cette église « secrète », celle de Jean, de Thomas, de Thadée, de Nicodème, de Joseph d'Arimathie. Et les ermites ayant des liens de sang permanents avec la chevalerie, la filiation dynastique des proches du Christ devient ainsi plausible. Toutefois, au sein de l'église officielle, quelques-uns savaient. Saint Bernard est de ce nombre, lui qui fut enterré avec les reliques de Thadée, et vêtu de la tunique de saint Malachie, autre dépositaire des grandes traditions fondamentales. Mais Bernard n'était-il pas lui aussi de cette lignée chevaleresque ?

Cette église secrète était appelée à exercer le pouvoir temporel, au nom du Christ, et à la gloire de sa mère pour des raisons astrologiques. Ceci explique l'énergie Cistercienne déployée pour développer des structures nouvelles (métiers francs, Ordre du Temple, Chevalerie spirituelle) dont le point commun est l'égalité et la fraternité.

CONCLUSION GÉNÉRALE

L'objectif de cette étude était de montrer que le « Conte du Graal » de Chrétien de Troyes relevait d'une construction particulièrement méthodique, utilisant l'analyse géométrique, et en particulier la symbolique des polygones réguliers s'inscrivant dans le cercle.

Je pense, à travers la présentation des douze personnages fondamentaux, et dans l'étude des significations polygonales, y être parvenu. J'espère ainsi avoir contribué à l'éveil des intérêts de tous ceux qui recherchent le sens des symboles, et conforté ceux qui pensent – à juste titre – que les nombres constituent une clé majeure de l'interprétation de ceux-ci.

Si les images de Chrétien de Troyes ont une telle ampleur, si elles portent en elles cette capacité d'inspirer les générations de bientôt dix siècles, c'est qu'elles sont « numériquement et géométriquement justes »[102].

Toutefois je m'en voudrais beaucoup de laisser l'arbre cacher la forêt. Car cette structure n'est que la « Terre-mère » sur laquelle va se produire la germination.

Et la germination poétique ne relève que de ses lois propres, celles de l'esthétique littéraire.

Quelle que soit sa structure, quels que soient ses objectifs mystiques ou sociaux, le Conte du Graal nous apparaît avant tout comme un monument dédié à la Beauté. S'il est vrai que chacun de ses neuf mille octosyllabes va nous rappeler par son rythme propre le nombre de notre baptême (le 8 est le nombre du baptême), il restera surtout chez le lecteur les images d'un rêve essentiel, celui où l'Homme, avec l'aide bienveillante de Dieu, accomplit des prodiges pour se hisser vers une spiritualité plus dense[103]. Ce que fait Perceval, n'est-ce pas la quête permanente que mène l'Humanité pour construire un monde meilleur ? N'est-ce pas le rêve primordial de chaque homme ? Et le Conte du Graal n'est-il pas un simple miroir, où « ceux qui ont des yeux verront » à la fois ce qu'ils sont, et ce qu'ils pourront devenir pour peu que Dieu leur accorde la grâce d'être guidés par le désir, le courage et l'intelligence.

Quand le Christ a dit : « *mon Royaume n'est pas de ce monde* », parlait-il du temps ? Parlait-il de cette fin des temps où son retour nous est annoncé ? Et de quel temps s'agit-il sinon du temps cosmique d'une ère zodiacale ? Dans le premier cycle, celui des Poissons, l'heure n'est pas à la royauté du Christ. C'est au second cycle, celui du Verseau, qu'elle doit se produire. C'est pourquoi le Roi Pêcheur reste blessé et à l'écart du monde. Par contre le temps s'approche où la royauté sera prête. Mais où se forme et se prépare celui qui devra poser la question?

Et nous, qui savons ces choses, que faisons-nous pour aider à la germination?

Joseph de Maistre nous trace la voie, dans son deuxième entretien des «Soirées de Saint-Pétersbourg»: «*Il faut nous tenir prêts pour un événement immense dans l'ordre divin, vers lequel nous marchons avec une vitesse accélérée, qui doit frapper tous les observateurs. Des oracles redoutables annoncent déjà que les temps sont arrivés.*»

Coupe mérovingienne. DR.

Salle des chevaliers au Mont Saint-Michel. DR.

Thibaut, sixième comte de Blois. DR.

Louis de Sancerre de la même maison. DR.

La table ronde. DR.

BIBLIOGRAPHIE

Apocryphes	Les évangiles apocryphes	Seuil 1983.
Apulée	L'Âne d'Or ou les métamorphoses	Gallimard 1975
Atlantis (revue)	N° 302.	
Barjavel R.	La nuit des temps	P de la Cité 1968
Bednar J.	Spiritualité & symbolisme C. de Troyes	Nizet 1974.
Bernard (saint)	De laude novae militiae	Trédaniel 1992
	Sermons divers	Desclée de B. 1982
Blanquart Henri	Les mystères de la nativité christique	Alréa, 1982
	Les mystères de l'Évangile de Jean	Léopard d'or 1988
Bocher Alain	Les cahiers du Tarot	Partage 1990
Borie-Jouin	L'astrologie, interprétation des signes	Rocher 1990
Canseliet E.	Alchimie	Pauvert 1964
Chambat (dom)	La royauté du Christ	Hiéron 1931
Chenerie M.-L.	Le chevalier errant	Droz 1986
Clément C.	Saint Bernard	Sorlot, 1987
Cocteau J.	Les chevaliers de la Table ronde	Paris 1948.
Commelin	Mythologie grecque et romaine	Garnier 1983
Corbin H.	Initiation et chevalerie spirituelle	Fayard 1994
Dailliez L.	Règle et statuts de l'Ordre du Temple	Dervy 1996
Davy M.M.	Initiation à la symbolique romane	Flammarion 1982
Demurger	Chevaliers du Christ	Seuil 2002
Desgris A.	Histoires secrètes du Graal	Véga 2003
Dracy & Angebert	Histoire secrète de la Bourgogne	A. Michel 1988
Duby G.	St Bernard et l'art cistercien	Flammarion 1986
	Guillaume le maréchal	France L 1985
Eliade M.	Traité d'histoire des religions	Payot 1986
Englebert O.	La fleur des saints	A. Michel 1986
Etienne B.	L'initiation	Dervy 2002
Evola J.	Le mystère du Graal	E. Tradit. 1985.
Felden M.	Le modèle géométrique de la physique	Masson 1982
Flori J.	L'essor de la chevalerie XIᵉ XIIᵉ siècles	Droz 1986
	Chevaliers et chevalerie au Moyen Âge	Hachette 1998
	L'islam et la fin des temps	Seuil 2007
Frappier J.	Autour du Graal	Droz 1977
	C de Troyes et le mythe du Graal	Sedes 1972
Fulcanelli	Le mystère des cathédrales	Pauvert 1964
Gallais P.	Perceval et l'initiation	Agrafe d'or 1972
Gassicourt (Cadet de)	L'hermétisme dans l'art héraldique	Berg 1982
Grad A.D.	Le véritable cantique des cantiques	Rocher 1988

Graffin R.	L'art Templier des Cathédrales	J.-M.Garnier, 1993
Grasset d'Orcet	Hist du cheval à travers les âges	Édite 2005
Graves R.	Les mythes celtes, la déesse blanche	Rocher, 1989
Griffe M.&J.	Tableaux synoptiques	Griffe non daté
Halphen & Sagnac	Peuples et civilisations	Alcan 1931
Hani J.	La royauté sacrée	Tredaniel 1984
Ifrah G.	Histoire universelle des chiffres	Seghers 1984
Jung Emma	La légende du Graal	A. Michel 1988
Lecompte JF.	Le Diable dans tous ses états	Édite 2003
	Nombres templiers	Édite 2007
Levy I.	Recherches Esséniennes et Pythagor.	Droz, 1965
Lulle R.	Le livre de l'Ordre de chevalerie	Trédaniel 1990
Male E.	La fin du paganisme en Gaule	Flammarion 1961
Maur Raban	De laudibus sanctae crucis	Berg 1988
Michaud G.	Message poétique du symbolisme	Thèse 1947
Michelet V.E.	Le secret de la chevalerie	Bosse 1928
Nagy P.	Le don des larmes au Moyen Âge	A.Michel 2000
Pastoureau M.	Figures&couleurs symbolique médiévale	Léopard d'or 1986
Pauphilet A.	La Queste du saint Graal	Champion 1949
Pernoud R.	Aliénor d'Aquitaine	A. Michel 1966
Pichon J.-C.	Celui qui naît	E-dite 2002
Piobb P.-V.	La clé universelle des Sciences secrètes	Omnium, 1976
	L'évolution de l'occultisme	H & H Durville
Plutarque	Isis et Osiris	Trédaniel 1985
Pomian K.	L'ordre du temps	Gallimard 1984
Régnier J.	Les évêques d'Autun	SELSA 1988
Robin J.	Le Royaume du Graal	Trédaniel 1993
Rops D.	Jésus en son temps	Fayard 1945
	Article « La table ronde » N° 58	1952
Rutard S.	La relation Père-Fils chez C de Troyes	Mémoire 1972
Saint Hilaire (P de)	Les sceaux Templiers	Pardès 1991
Senard M.	Le zodiaque	E. Tradit. 1981
Temple (Ordre du)	Les textes fondateurs	Trédaniel 1991
Thibaud R.-J.	Symbolique des Apôtres	Dervy 1993
Thibauderie (de la)	Le Glaive et le Graal	Laumond, 1969
Troyes (Chrétien de)	Perceval ou li conte del Graal	Livre de poche
	Œuvres complètes	Pléiade 1994
Vacandard (abbé)	Saint Bernard	Lecoffre, 1910
Van Cauwelaert	Clôner le Christ ?	A. Michel 2005
Voragine (J. de)	La légende dorée	Garnier 1967
Wirth O.	Le compagnon	Symbolisme 1963

NOTES

1. Consulter à ce propos les œuvres d'Oswald Wirth, en particulier : *Le Compagnon*.
On relève également dans *L'Histoire secrète de la Bourgogne* de G. Darcy et M. Angebert parue chez Albin Michel en 1988 que tous les Rois Burgondes ont porté un nom commençant par la lettre G.
2. La littérature médiévale compte 3 cycles : le cycle d'Alexandre, celui de Troyes, et celui d'Arthur et du Graal.
3. Qu'il s'agisse du Da Vinci Code premier best seller du XXIe siècle, ou de Barjavel, *La Nuit des temps*, où le «G» est la figure de l'équation de Zoran.
4. Georges Ifrah, *Histoire universelle des chiffres*, éd. SEGHERS.
5. On peut trouver le texte original en vieux français et sa traduction en Français moderne, dans la collection Le Livre de poche. (N° 4525 de la série «Les lettres gothiques»).
6. Un débat persiste pour savoir si Zatzikoven a eu connaissance ou non de l'œuvre de Chrétien de Troyes avant de rédiger son Lancelot.
7. J. Evola : *Le Mystère du Graal et l'idée impériale Gibeline*, Éd. Traditionnelles Paris 1985.
8. E. Jung et M.-L.von Frantz *La légende du Graal* Albin Michel 1988.
9. Lors du procès, l'abbé Lanfranc exposa : «nous croyons que cette substance terrestre est, par l'ineffable et incompréhensible opération de la puissance céleste, changée en l'essence du corps du Seigneur, tandis que l'apparence et certaines autres qualités demeurent inchangées, afin qu'il soit épargné aux hommes le choc de percevoir des matières crues et sanglantes.»
10. Bernard a traité ce sujet dans le «*de laude novae militiae*» réédition 1992 Tredaniel.
11. La sorcière de Macbeth s'écrie «*sleep no more*», et Louis VI (le gros) était surnommé «celui qui ne dort pas».
12. Article publié en 1984 dans la revue «Epistolae Opera».
13. Raymond Lulle *Le livre de l'Ordre de chevalerie*, Trédaniel, 1990.
14. Tableaux synoptiques du Catharisme, Griffe, Cagnes-sur-Mer.
15. I. de la Thibauderie *Le Glaive et le Graal*, Laumond, 1969, Jean Flori : *L'essor de la Chevalerie aux XIe et XIIe siècles*, Droz, 1986.
16. Par exemple, dans le rite Orthodoxe de saint Jean Chrysostome qui date du IVe siècle, les trois objets de la procession (Graal, Lance et Tailloir) sont déjà mis en scène. Chrétien de Troyes aura donc puisé à une très ancienne tradition chrétienne, à moins que ce ne soit une colonie gauloise installée en Galilée qui ne l'ait transmise aux autochtones…

17. Le mot est tiré du latin Cardo qui signifie «pivot ou gond».(Larousse du XXᵉ siècle)

18. Marceau Felden : le modèle géométrique de la physique (éd. Masson).

19. Certaines études ont même suggéré qu'il s'agissait de deux auteurs différents !

20. Traduction CH. Mella (manuscrit de Berne).

21. Voir *Nombres Templiers* pour une explication plus complète.

22. St Bernard : «Sermons divers» Desclée de Brower, sermon N° 50.

23. Évangile de Jean, chapitre I verset 8

24. Plutarque : Isis et Osiris, voir aussi Apulée : «L'âne d'or»

25. Robert Graves, *Les mythes Celtes, la déesse blanche*. Rocher. Page 77.

26. A. Grad, *Le véritable cantique des cantiques*. Rocher, collection Gnose.

27. Les chevaliers du Graal n'ont-ils pas à remplir dans cette quête à la fois solitaire et collective, une mission de même nature que celle de Jason et de ses Argonautes ?

28. Régine Pernoud, *Aliénor d'Aquitaine*, 1966, éditions Albin Michel.

29. Comme l'exprime l'adage médiéval «*sic transit gloria mundi*»

30. Réédition, Trédaniel 1991 sous le titre : *L'Ordre du Temple, les textes fondateurs*.

31. Desclée de Brower 2 volumes.

32. Raban Maur : De laudibus sanctae crucis, Berg International.

33. Article 379, page 216 : Laurent Dailliez *Règles et statuts de l'Ordre du Temple* Dervy, 1996, 2ᵉ édition.

34. Commelin, «Mythologie grecque et romaine» Garnier, page 234-235.

35. J. Frappier, «Autour du Graal» Droz, 1977, page 26.

36. Le nombre 72 est d'une grande importance et fera l'objet d'une analyse en 3ᵉ partie.

37. Dupont Sommer, «Les écrits Esséniens» Payot.

38. Jean Hani, «La royauté sacrée», Tredaniel 1984.

39. *Ibid*.

40. *Ibid*.

41. G. Borie-Jouin : *L'astrologie, interprétation des signes par les mythes*, Rocher, 1990.

42. Pierre Piobb, *L'Évolution de l'occultisme*, H&H Durville.

43. Hastings, *Encyclop. of Religion and Ethics*, vol 12, page 710.

44. Une équivoque figure au vers 1172 où les armes de Perceval sont qualifiées de «sinople» par Chrétien de Troyes. La couleur sinople étant le vert, il s'agit probablement d'une erreur, que Charles Mela, auquel nous devons la traduction excellente du livre de poche, a rectifié dans sa traduction.

45. Se reporter à tout bon traité d'astronomie, rubrique «précession des équinoxes».

46. Je renvoie le lecteur au livre de Juan Atienza « La mystique solaire des Templiers » qui développe magistralement cette mission du Temple et le modèle d'organisation synarchique qui en découle.

47. Paul de saint Hilaire, *Les sceaux Templiers*, Éditions Pradès, 1991.

48. L'Astrologie interprétation des mythes par les signes, page 119.

49. C'est le titre de l'article 6 de la règle latine, donnée au Temple en 1128 lors du concile de Troyes.

50. St Bernard « Sermons divers » Desclée de Brouwer, sermon N° 72.

51. Mircéa Eliade, dans son étude sur la religion égyptienne, rappelle que le Pharaon luttait contre le Taureau, dans un endroit appelé « Champ des offrandes » et situé à l'ouest, au soleil couchant. (Traité d'histoire des religions, éditions Payot).

52. Krystzof Pomian, *Ordre du Temps*, Gallimard, bibliothèque des Histoires, 1984.

53. Jean HANI « La Royauté Sacrée », Trédaniel, 1984.

54. Weigall, *The paganism in our Christianity* et E. Male, *La fin du Paganisme en Gaule*.

55. Daniel Rops remarque que ce sont surtout les évangiles apocryphes qui ont fourni la matière du culte Marial. Les Évangiles du Canon (les quatre) sont très sobres sur le personnage de Marie. Article dans la revue « La table ronde » N° 58, octobre 1952.

56. Jean Frappier s'oppose avec de sérieux arguments à l'assimilation du Graal à une coupe. C'est effectivement plutôt un plat au regard du contexte. Mais ce plat contient l'Hostie (épisode de l'Ermite) qui nourrit le père du Roi Pêcheur. Le Graal-Coupe ne constitue pas par conséquent un contresens, car l'Eucharistie exige d'utiliser un calice. La Didachê, le plus ancien document liturgique Chrétien, ordonne : « Eucharistiez ainsi : d'abord sur le Calice » Nous te rendons grâce Notre Père puis sur le pain rompu… » Et le missel romain donne avec la plus grande précision les paroles exactes qui doivent être prononcées pour réaliser la transsubstantiation : «… ceci est mon corps, ceci est le calice de mon sang ». Aucune Eucharistie n'est donc valide, qui ne procède de l'utilisation du calice. Quant à l'argument de la taille du Graal, qui peut contenir un poisson entier selon Chrétien, il s'efface devant les représentations de l'iconographie médiévale.

57. Vers 604 du texte de Chrétien de Troyes.

58. idem vers 1667 et 1668.

59. Raymond Lulle, *Le livre de l'Ordre de la Chevalerie*, Éd. Trédaniel, 1990.

60. Consulter à ce sujet la très remarquable étude de Jean Flori, intitulée : *L'Essor de la chevalerie aux XI et XII siècles*, Éditions Droz, 1986.

61. Cette remarque ne s'adresse évidemment pas aux travaux remarquables d'Emma Jung et de M.-L. von Frantz, (op.cit.) qui ont parfaitement saisi tout l'apport symbolique « externe » de ce texte.

62. Le lecteur me pardonnera cette formulation quelque peu énigmatique. Seule une expérience individuelle peut éclairer la terminologie de Corbin.

63. Revue « Atlantis » N° 302 p. 248.

64. Édité chez Droz en 1986. Ce livre fourmille de textes relatant des adoubements autres que ceux des princes régnants dont l'ancienneté est réelle. Toutefois, il ne fait guère référence au texte de Chrétien de Troyes, qui décrit l'adoubement de Perceval avec beaucoup de précision. Il y a bien chez Chrétien de Troyes la description de la remise des éperons, et le texte date de 1180. On ne peut pas objecter à Chrétien d'avoir décrit un adoubement royal, puisque Gornemant, qui l'adoube, ignore absolument la lignée royale de Perceval. Faut-il donc voir en Chrétien un instigateur de cette cérémonie ?

65. Ep 2, N° 4 et Ep 411 dans la nomenclature Vacandard parue en 1910.

66. Yvan de la Thibauderie (*Le Glaive et le Graal*, Laumond Paris 1969) cite la chanson de geste de Raoul de Cambrais (XIIe siècle) qui décrit un chevalier couchant devant l'autel, perchant ses faucons sur le crucifix, et brûlant des religieuses Mais il y a pire encore, puisque la chanson de geste de Garin décrit un chevalier anthropophage ! (Édition Le Lorrain tome II p. 38).

67. Clément, *saint Bernard ou la puissance d'un grand initié*, F. Sorlot éditeur, 1987.

68. L. Halphen et Ph. Sagnac, *Peuples et civilisations, Histoire générale*, Éd. Librairie Félix.

69. Ce nombre 22, qui nous ramène aux 22 grands maîtres du Temple et aux 22 polygones réguliers que l'on peut inscrire dans un cercle, est sans doute un hasard…

70. Le terme « Mère de Dieu » est de St Bernard et n'entrera dans le dogme que plusieurs siècles plus tard.

71. Se reporter aux pages 100 et 101.

72. *In Assumpt.* Sermon II N° 2.

73. À Chatillon sur Seine.

74. Vacandard « Vie de saint Bernard » 4e édition, tome II, p. 78, Librairie Lecoffre Paris 1910.

75. Bernard *De Gratia et libero arbitrio*, VI, 16.

76. Saint Bernard, « Sermons divers » tome I, Sermon 2 §5. Desclée de Brouwer, 1982.

77 Pour une interprétation complète du symbolisme de la « Maison Dieu » consulter *Les Cahiers du Tarot* d'Alain Bocher, éditions Partage 1990.

78. Abel Grad, *Le véritable Cantique des cantiques*, Éd. du Rocher, coll. Gnose 1984.

79. Paul Vuillaud en mentionne 319 dans son essai de Bibliographie sur ce texte.

80. Ancien Testament, Isaïe LXII -4.

81. M.-M. Davy, *Initiation à la symbolique Romane*.

82. Saint Jérôme, dans sa préface « Galéatique » de la Vulgate, nous donne la clé du « Canon » de l'ancien testament en rapportant les 22 textes essentiels aux 22 lettres de l'alphabet hébraïque.

83. Joux vient de « Jovis », génitif latin de Jupiter. Il existe aussi en France un col de Joux Plane près de Morzine. L'association de Jupiter et de saint Bernard ne manque pas d'intérêt.

84. Englebert, *La fleur des saints*, Albin Michel 1986.

85. Apocryphe peut se traduire par « caché »

86. Henri le Jeune, le jeune Roi monta et anima une rébellion des barons d'Angleterre contre l'autorité de son père.

87. G. Duby, *Guillaume le Maréchal*.

88. G. Duby, op.cit. Ch. 1.

89. Chambat, *La Royauté du Christ selon la doctrine Catholique*, Hiéron. Paray-le-Monial.

90. Robin, *Le Royaume du Graal*, Trédaniel 1993.

91. Frappier, *Autour du Graal*. Publications Romanes et Françaises CXLVII p. 101, Droz, Genève.

92. *ibid.* p. 99.

93. Évangiles Apocryphes, Éditions Seuil, Collection Point–Sagesse. 1983. p. 146.

94. C'est la date que donne Geoffroy de Monmouth dans son *Historia regum britanniae*.

95. La Queste del saint Graal. A. Pauphilet éd. Champion 1949, p 220 à 226.

96. Albin Michel 1986. Nihil Obstat 23-12-79 et imprimatur 26-12-79

97. Jacques de Voragine (1228-1298), *La légende dorée*, fin du XIIIe siècle.

98. Robert-Jacques Thibaud, *Symbolique des Apôtres*, DERVY 1993.

99. Englebert, ibid p. 219.

100 Omer Englebert op.cit.

101. H. Blanquart, *Les mystères de la nativité Christique*, Alrea, 1982

102. Cette observation rejoint celle de Wronski : « Le catholicisme ne devait avoir une existence pleinement effective que lorsqu'il serait parvenu à intégrer les traditions contenues dans les livres sacrés de tous les peuples » (J. Robin *op.cit.* p. 506).

103. Comme le dit Pierre Gallais « ce n'est pas le Graal qui est au centre de l'œuvre, mais c'est l'homme qui l'a rencontré et qui le cherche » (Perceval et l'initiation, L'Agrafe d'or, 1972).

Achevé d'imprimer en février 2008
pour le compte des Éditions e-dite
N° Éditeur : 2411 Dépôt légal : mars 2008
Imprimé en France

Repris par les Éditions de l'Œil du Sphinx
Createspace 2018

www.ingramcontent.com/pod-product-compliance
Lightning Source LLC
LaVergne TN
LVHW050553200726
843508LV00010B/1630